Gertraud Radke

PRANA

Mit geistiger Lebensenergie die inneren Selbstheilungskräfte entfalten

tb
AQUAMARIN

Originalausgabe
1. Auflage 2008

Voglherd 1 • D-85567 Grafing
www.aquamarin-verlag.de

Umschlaggestaltung: Annette Wagner

Druck: Bercker • Kevelaer

ISBN 978-3-89427-454-2

Inhalt

Einführung

Wenn man sich mit dem Thema der alternativen oder sanften Heilweisen beschäftigt, empfiehlt es sich, gelegentlich wieder einmal einen Blick auf die Weisheit der Ärzte des Altertums zu werfen. Es war kein geringerer als der Ahnherr der Heilkunst, der weise Grieche Hippokrates, der den berühmt gewordenen Satz prägte: „Medicus curat, natura sanat." Der Arzt hilft, die Natur heilt! Im Grunde ist dies der Schlüssel zum Verständnis von „Prana", der schöpferischen Heilenergie, die innerhalb und außerhalb des Menschen wirkt. Wer gelernt hat, sich die Lebenskraft von „Prana" zunutze zu machen, hat einen großen Schritt in Richtung auf seine Selbstheilung vollzogen.

Um das Wirken von Prana zu verstehen, sollte man eine gewisse Grundkenntnis über die feinstofflichen Strukturen des Menschen, also über seine „höheren Körper" sowie über die in ihnen enthaltenen Kraftzentren, die „Chakras", besitzen. Daher wird auf wenigen Seiten auch über die Grundstrukturen dieser höheren Körper gesprochen.

Von allen höheren Körpern kommt beim Prana-Heilen dem Ätherkörper die größte Bedeutung zu, da über ihn die Aufnahme von Prana aus der Natur erfolgt. Die Aufladung des physischen Körpers geschieht nicht über den materiellen Träger, also die fleischliche Hülle, sondern über seine energetische Umhüllung, den Ätherkörper. Dieser ist mittlerweile nicht mehr nur Gegenstand von hellsichtigen Untersuchungen, sondern seit den Arbeiten des russischen Forschers Kirlian und der nach ihm benannten „Kirlian-Hochenergie-Photographie" auch Teil der modernen Wissenschaft geworden.

Die Aufladung des Körpers mit Prana, andere östliche Weisheitslehren sprechen auch vom Ki, Qui oder Chi, führt dazu, dass der Mensch allmählich in seiner geistigen Entwicklung voranschreitet. Sein gesamtes System wird durchlichtet und vergeistigt und seine Chakras schrittweise zu ihrer vollkommenen Entfaltung geführt. Am Ende dieses Prozesses, wenn auch die göttliche Schöpfungsenergie im Menschen, die Kundalini, durch die sieben Chakras bis zum Scheitel aufgestiegen ist, steht der erwachte, der erleuchtete Mensch. Er hat seinen Erdenweg beendet und sieht nun neuen Aufgaben in höheren Welten entgegen.

Wenn dieses kleine Buch einen Beitrag dazu zu leisten vermag, dem Menschen wieder seine kosmische Bestimmung vor Augen zu führen und ihm einige Hilfsmittel und Übungen an die Hand zu geben, um auf diesem Weg voranzuschreiten, dann hat es seine Bestimmung in vollem Umfang erfüllt.

Ein intelligenter Mensch ist nicht engstirnig. Er verhält sich nicht wie ein Vogel Strauß, der seinen Kopf in den Sand steckt und damit versucht, neuen Ideen und Entwicklungen auszuweichen.
Ein intelligenter Mensch ist nicht leichtgläubig. Neue Ideen übernimmt er nicht blindlings. Er untersucht sie gründlich, er beurteilt sie kritisch, er gebraucht seinen Verstand. Neue Ideen und Entwicklungen unterzieht er einer Prüfung durch Experiment und Erfahrung. Ein intelligenter Mensch untersucht neue Ideen unvoreingenommen und objektiv.

Choa Kok Sui

Der Ätherkörper

Allgemeine Beschreibung

Jedem, der sich mit dem spirituellen Weltbild beschäftigt, ist die Tatsache vertraut, dass der Mensch mehrere Körper oder Träger besitzt, mittels derer er sich auf den verschiedenen Ebenen der Natur – der physischen, astralen, mentalen und kausalen – zum Ausdruck bringen kann.

Es gibt in der physischen Materie sieben Dichtegrade, die folgendermaßen angeordnet sind:

Atomar
Subatomar
Super-ätherisch
Ätherisch
Gasförmig
Flüssig
Fest

Teilchen von allen diesen Stufen sind an der Bildung des physischen Körpers beteiligt, der jedoch zwei deutliche Abschnitte zeigt, nämlich den dichten Körper, der aus festen, flüssigen und gasförmigen Stoffen besteht, und den Ätherkörper oder das ätherische Doppel, wie dieser oft genannt wird, der sich aus den vier feinstofflichen Ebenen der physischen Materie zusammensetzt.

Es wird sich zeigen, dass es sich beim Ätherkörper nicht um einen eigenständigen Bewusstseinsträger handelt, obwohl er für das Leben des physischen Körpers unerlässlich ist. Die Ätherhülle nimmt die der Sonne entströmende Vitalkraft auf und verteilt diese, weshalb sie eng mit der physischen Gesundheit verknüpft ist. Sie besitzt ihre eigenen Chakras oder Energiezentren, von denen ein jedes eine bestimmte Funktion ausübt.

Jeder feste, flüssige und gasförmige Bestandteil des physischen Körpers wird von einer Ätherhülle umgeben. Wie der Name schon sagt, handelt es sich daher bei dem ätherischen Doppel um ein genaues Duplikat der grobstofflichen Form.

Was ihre Eigenschaft betrifft, verändern sich die grobstoffliche und die ätherische Form gemeinsam. Eine bewusste Reinigung des Körpers verfeinert das ätherische Gegenstück.

Ätherisch:	Medium für die üblichen Elektrizitätströme und den Klang
Super-ätherisch:	Medium für das Licht
Subatomar:	Medium für die „feineren“ Formen der Elektrizität
Atomar:	Medium der Gedankenübertragung von Gehirn zu Gehirn

Das blassviolett-graue ätherische Doppel leuchtet schwach und ist, dem physischen Körper entsprechend, von grob- oder feinstofflicher Beschaffenheit.

Es besitzt zwei Hauptaufgaben. Erstens nimmt es das Prana oder die Vitalität auf und verteilt dieses im gesamten physischen Körper. Zweitens vermittelt es oder wirkt als Brücke zwischen den grobstofflichen physischen und dem Astralkörper, indem es das Bewusstsein physischer Sinneskontakte über das ätherische Gehirn dem Astralkörper übermittelt und ebenso Bewusstsein aus dem Astralbereich und den höheren Ebenen in das physische Gehirn und Nervensystem hinunterbringt.

Außerdem entwickelt das ätherische Doppel in sich selbst gewisse Zentren, durch die der Mensch die Ätherwelt mit ihrer Vielzahl an Phänomenen wahrzunehmen vermag.

Man sollte beachten, dass das ätherische Gegenstück, als Teil des physischen Körpers, normalerweise nicht fähig ist, wie ein eigenständiger Bewusstseins-Träger zu wirken, innerhalb dessen ein Mensch leben oder handeln kann. Es besitzt nur ein unklares Teilbewusstsein. Der mentale Aspekt fehlt. Da es als Träger des Prana oder der Vitalität, nicht aber des Mentalbewusstseins dient, wirkt sich ein Loslösen von den grobstofflichen Partikeln, denen es die Lebensströme übermittelt, beunruhigend und gesundheitsschädigend aus. Bei einem normalen, gesunden Menschen kann sich der Ätherkörper nicht von der Physis, zu der er gehört, fortbewegen, was eine Trennung erschwert.

Bei medial veranlagten Personen hingegen lässt sich das ätherische Gegenstück verhältnismäßig leicht ablösen, dessen Substanz die Grundlage für zahlreiche Erscheinungen bildet.

Das ätherische Doppel kann durch einen Unfall, den Tod oder durch Betäubungsmittel, wie Äther und Gas, vom physischen Körper getrennt werden. Da es das Verbindungsglied zwischen dem Gehirn und dem höheren Bewusstsein darstellt, ruft eine durch Narkosemittel hervorgerufene, gewaltsame Ausstoßung eine Betäubung hervor.

Die auf diese Weise hinausgetriebene Äthermasse windet sich um den Astralkörper und stumpft auch dessen Bewusstsein ab. Wenn die Wirkung der Betäubungsmittel nachgelassen hat, erinnert sich das Gehirnbewusstsein daher gewöhnlich nicht mehr an die Zeit, die es im Astralkörper verbracht hat.

Auch gesundheitliche Schwäche oder Aufregung können den Ätherkörper von seinem grobstofflichen Gegenstück abstoßen, wobei dieser, dem Ausmaß der ausgestoßenen Äthermasse entsprechend, sich sehr dumpf bewusst wird oder außer sich gerät.

Eine Trennung vom physischen Körper bringt gewöhnlich eine beachtliche Verringerung seiner Vitalität mit sich. Je mehr die Energie abnimmt, desto lebendiger wird das Doppel.

Die Beziehung zwischen dem ätherischen und dem grobstofflichen Körper ist tatsächlich so eng, dass sich eine der Ätherhülle zugefügte Verletzung als Wunde auf dem physischen Körper zeigen kann, eine seltsame Erscheinung, die sogenannte „Rückwirkung".

Obwohl sich die Äthersubstanz dem gewöhnlichen Blick entzieht, ist sie noch rein physischer Natur und kann daher durch Kälte, Hitze und starke Säuren beeinträchtigt werden.

Menschen, die ein Gliedmaß durch Amputation verloren haben, klagen manchmal über Schmerzen an der Stelle, an der das Glied einmal gesessen hat. Das liegt daran, dass der ätherische Anteil des Gliedes nicht mit dem physischen Glied entfernt wurde. Hellsichtige Personen vermögen es dort noch wahrzunehmen. Durch einen entsprechenden Reiz können Empfindungen in diesem ätherischen Glied wachgerufen und dem Bewusstsein übermittelt werden.

Prana oder Vitalität

Geisteswissenschaftler wissen, dass es zumindest drei unterschiedliche und charakteristische Strahlen gibt, die von der Sonne ausgehen und unseren Planeten erreichen. Es mag zahllose weitere Kräfte geben, doch diese drei lassen sich mit Sicherheit erkennen.

1. Fohat (Elektrizität)
2. Prana (Vitalität)
3. Kundalini (Schlangenkraft)

Fohat, Prana und Kundalini andererseits scheinen eher die Ergebnisse Göttlichen Lebens, Seiner Eigenschaften zu sein, die sich ohne sichtbare Anstrengung manifestieren.

In seinem Buch „Die Chakras“ schreibt C.W. Leadbeater, dass die drei genannten Kräfte folgendermaßen mit den Ausgießungen in Göttlicher Schöpferkraft Zusammenhang stehen:

Die erste Ausgießung, die Primärkraft, erschuf die chemischen Elemente. Dies scheint Fohat zu sein.

Die zweite Ausgießung beinhaltet das Prana als einen Seiner Aspekte.

Die Kundalini stellt eine weitere Entwicklung auf dem aufsteigenden Bogen der ersten Ausgießung dar.

Das Wort „Prana“ stammt aus dem Sanskrit und leitet sich von *pra* (hinaus) und *an* (atmen, bewegen, leben) ab. *Pra-an*, *Prana*, bedeutet also ausatmen, Lebensatem oder Lebensenergie.

Es gibt sieben Grundqualitäten: Prana, Manas, Äther, Feuer, Luft, Wasser und Erde.

In mehr westliche Begriffe übertragen, beschreibt man Prana auf physischer Ebene am besten als Vitalität.

Prana wird von allen lebenden Organismen aufgenommen; ein ausreichender Vorrat scheint für die Existenz unbedingt notwendig zu sein.

Die Tatsache, das eine Katze hervorragend mit Prana ausgestattet ist, hat die bekannte Vorstellung von den „neun Leben" einer Katze geschaffen und scheint indirekt auch mit den Gründen in Zusammenhang zu stehen, aus denen dieses Tier im alten Ägypten als heilig betrachtet worden ist.

Auf physischer Ebene baut das Prana alle Mineralien auf und wirkt als kontrollierendes Element bei den chemisch-physiologischen Veränderungen im Protoplasma, die zum Aufbau der verschiedenen Körpergewebe von Pflanzen, Tieren und Menschen führen.

Die Nervenzellen selbst werden natürlich durch die „Nahrungshülle", den grobstofflichen Körper, versorgt. Die beherrschende Energie aber ist das Prana, das auf die Nervenzentren einwirkt, indem es die Nahrungshülle steuert und so gestaltet, wie es das in der höheren Intelligenz angesiedelte Ich bestimmt.

Obwohl die Nerven im physischen Körper liegen, ist es nicht dieser, der fühlt; er nimmt nur die Eindrücke auf. Diese äußere Hülle empfängt zwar den Eindruck, doch seine eigenen Zellen sind nicht fähig Vergnügen oder Schmerz zu empfinden. In recht verschwommener, dumpfer und „massiver" Weise wird ihm nur ein undefinierbares und verwischtes Gefühl, wie eine allgemeine Erschöpfung, bewusst.

Die körperlichen Kontakte werden durch das Prana ins Innere übertragen. Diese intensiven, scharfen, starken und spezifischen Empfindungen unterscheiden sich sehr von den schweren, unklaren Sinneseindrücken der Zellen selbst. Daher ist es immer das Prana, das den physischen Organen die Empfindung vermittelt und die äußeren Schwingungen den Gefühlszentren überträgt.

Mittels des ätherischen Doppels läuft das Prana die Körpernerven entlang und befähigt diese nicht nur, als Träger äußerer Eindrücke zu wirken, sondern auch als Überbringer der motorischen Kraft, die im Inneren ihren Ursprung nimmt.

Genauso wie die Stoffteilchen des dichten, physischen Körpers sich beständig verändern und durch neue, frische Teilchen ersetzt werden, die der Nahrung, dem Wasser und der Luft entstammen, werden auch die Partikel des Ätherkörpers fortlaufend verändert und durch frische Ätherteilchen ersetzt, die der Körper mit der Nahrung der eingeatmeten Luft und dem Prana in Form von Vitalitäts-Kügelchen aufnimmt.

Das Prana oder die Vitalität existiert auf allen Ebenen, der physischen, astralen, mentalen und so fort. Prana, das eine Leben, „ist der Nabel, an dem die sieben Speichen des universalen Rades befestigt sind" (Hymne an Prana, Atharva Veda, XI., 4). An dieser Stelle wollen wir uns aber nur mit seiner Erscheinung und seiner Wirkungsweise auf der niedrigsten, der physischen Ebene, befassen. Auf dieser Stufe ist es siebenfältig. Es gibt also sieben verschiedene Formen von Prana.

Obwohl es sich von Licht oder Wärme unterscheidet, scheint seine Manifestation auf der physischen Ebene vom Sonnenlicht abzuhängen, denn bei einer Fülle an Sonnenlicht scheint es auch eine Fülle an Prana zu geben; ohne Sonnenlicht aber fehlt das Prana.

Es gibt zwei Kräfte, die von innen in das Atom dringen: (1) die Willenskraft des Logos, die das Atom als solches zusammenhält und (2) die Prana-Kraft. Das Prana entspringt dem zweiten Aspekt der Sonnengottheit, die Willenskraft jedoch dem dritten Aspekt. Das Prana wirkt sich völlig andersartig auf die Atome aus als Elektrizität, Licht, Wärme oder andere Ausdrucksformen des Fohat.

Die der Sonne entströmende Kraft des Prana dringt in einige Atome ein und lässt sie glühen. Ein solches Atom, das mit diesem zusätzlichen Leben aufgeladen ist, besitzt eine sechsfache Anziehungskraft, so dass es sofort sechs weitere Atome anzieht. Diese lagert es in einer bestimmten Anordnung um sich herum und bildet ein subatomares oder hyper-meta-proto Element, wie es in der „Okkulten Chemie" von C.W. Leadbeater genannt wird. Diese Kombination aber unterscheidet sich von allen anderen bisher beobachteten dadurch, dass die Kraft, die sie hervorruft und zusammenhält, vom zweiten statt vom dritten Aspekt der Sonnengottheit stammt. Dieses Gebilde wird als „Vitalitäts-Kügelchen" bezeichnet. Diese kleine Gruppe, welche die außerordentlich strahlende Perlenschnur in der männlichen oder positiven Spirale des chemischen Elementes Sauerstoff bildet, ist auch das Herz in der zentralen Kugel des Radium-Atoms.

Diese Kügelchen kann man aufgrund ihres Glanzes und ihrer außerordentlichen Lebendigkeit besonders an einem sonnigen Tag in unendlicher Anzahl durch die Atmosphäre schießen sehen. Sie lassen sich am besten erkennen, wenn man der Sonne den Rücken kehrt und sich gegen den klaren Himmel auf sie konzentriert. In seinem Glanz ist das Kügelchen fast farblos und kann mit weißem Licht verglichen werden.

Es gehört zu den Aufgaben des physischen Elementals, den Körper zu schützen und Vitalität aufzunehmen, damit sich der physische Körper wieder erholt. Ist letzterer wach, sind die

Nerven und Muskeln angespannt und bereit, augenblicklich zu reagieren. Wenn der Körper schläft, lässt das Elemental die Nerven und Muskeln entspannen und widmet sich ausschließlich der Vitalitätsaufnahme. Das erklärt die starke Erholungskraft des Schlafes, selbst die eines kurzen Nickerchens.

Das Elemental arbeitet am erfolgreichsten während der ersten Hälfte der Nacht, in der es einen reichlichen Vorrat an Vitalität gibt. In den frühen Morgenstunden, vor Sonnenaufgang, ist der Vorrat an Kügelchen am geringsten, weshalb gerade in diesen Stunden die größte Sterberate liegt. Auch gilt die Redensart, dass eine Stunde Schlaf vor Mitternacht ebenso viel wert sei wie zwei Stunden danach. Im Vergleich zum Sommer ebbt das Prana im Winter ab.

Wenn die Vitalität, die sich nicht nur auf die physische, sondern auf alle Ebenen ergießt, ausströmt, werden die Gefühle, der Intellekt und der Geist unter einem klaren Himmel mit der unschätzbaren Hilfe des Sonnenlichts in Hochform sein. Selbst die Farben des ätherischen Prana entsprechen in gewisser Weise ähnlichen Farbtönen auf der Astralebene. Rechtes Fühlen und klares Denken wirken sich auf die physische Ebene aus und unterstützen diese, die Vitalität aufzunehmen und so eine robuste Gesundheit zu bewahren. Wir erkennen nun die enge Verbindung zwischen geistiger, mentaler und emotionaler Gesundheit und der Gesundheit des physischen Körpers und werden an den bekannten Ausspruch des Buddha erinnert, dass der erste Schritt auf dem Pfad zum Nirvana eine vollkommene physische Gesundheit ist.

Bevor wir uns dem äußerst interessanten und wichtigen Thema der Aufnahme des Prana im physischen Körper zuwenden, wollen wir uns zuerst mit der Wirkungsweise im ätherischen Doppel beschäftigen, das den Vorgang beeinflusst.

Kraftzentren

Im Ätherkörper wie auch in jedem anderen unserer Körper gibt es bestimmte Kraftzentren oder Chakras, wie sie im Sanskrit genannt werden. Es scheint keine Verbindung zwischen der Tätigkeit oder Entwicklung der Äther-Chakras und moralischen Eigenschaften zu bestehen; diese beiden Entwicklungswege unterscheiden sich eindeutig voneinander.

Obwohl es im Astralkörper den Ätherzentren entsprechende Astralzentren gibt, dehnen sich diese in eine andere Richtung aus, da die Wirbel auf der vierten Dimension liegen. Daher decken sich die Astralzentren keineswegs immer mit den Ätherzentren, obschon sie teilweise zusammenfallen. Während sich die Ätherzentren immer auf der Oberfläche des Ätherkörpers befinden, liegt das Astralzentrum oft im Inneren des Astralkörpers.

Wie wir bereits im Kapitel „Prana oder Vitalität" gesehen haben, gibt es sieben verschiedene Arten von Prana, die alle in den Chakras vorhanden sind. Doch in jedem Chakra überwiegt stets eine der Arten.

Tod

Wie wir bereits gesehen haben, kann das ätherische Doppel unter bestimmten Bedingungen vom grobstofflichen Körper getrennt werden, obwohl es immer durch einen Faden oder eine Kordel aus Äthersubstanz mit ihm verbunden bleibt. In der Sterbestunde zieht sich der Ätherkörper schließlich vom physischen Körper zurück und kann als violettfarbener Dunst wahrgenommen werden, der sich zu einer Form verdichtet, die das Gegenstück der sterbenden Person bildet und durch eine glitzernde Schnur an dem grobstofflichen Körper befestigt ist. Im Augenblick des Todes wird dieser Faden oder diese Magnetschnur durchtrennt.

Der Rückzug des ätherischen Doppels und mit ihm des Prana zerstört die Einheit des Körpers vollkommen, so dass nur eine Ansammlung unabhängiger Zellen zurückbleibt. Das Leben der einzelnen Zellen selbst bleibt bestehen, wie die bekannte Tatsache beweist, das manchmal die Haare auf einem Leichnam weiterwachsen.

Sobald sich das ätherische Doppel zurückzieht und folglich das Prana nicht mehr fließt, beginnen die Zellen zu wuchern und brechen den bis dahin klar regulierten Körper nieder. Er ist niemals lebendiger als „im Tod". In seinen Bestandteilen ist er lebendig und tot in seiner Gesamtheit. Lebendig als Masse, tot als Organismus. Mit den Worten von Eliphas Levi: „Der Leichnam würde nicht zerfallen, wenn er tot wäre; alle Moleküle, aus denen er zusammengesetzt ist, leben und bemühen sich um Trennung."

Wenn das ätherische Doppel den grobstofflichen Körper schließlich aufgibt, entfernt es sich nicht weit, sondern schwebt gewöhnlich über ihm. Dieser sogenannte Geist erscheint denjenigen, mit denen er eng verbunden ist, manchmal als wolkige Figur von sehr dumpfem Bewusstsein und sprachlos. Nur ein aufwühlender Schmerz oder eine leidenschaftliche Emotion stören den träumerischen und friedlichen Bewusstseinszustand.

Während und nach dem Rückzug des Ätherkörpers läuft das gesamte vergangene Leben des Menschen an dem Ego vorbei, jeder vergessene Winkel, jeder Zipfel der Erinnerung gibt seine Geheimnisse preis, Bild um Bild, Ereignis um Ereignis. In diesen wenigen Sekunden durchlebt das Ego erneut sein ganzes Leben und sieht seine Erfolge und Fehlschläge, seine Liebe und seinen Hass. Es erkennt die Hauptneigung des Ganzen, und der Leitgedanke des Lebens setzt sich durch und kennzeichnet den Bereich, in dem der größte Teil des Lebens nach dem Tode verbracht werden wird.

Dieser Stufe folgt aufgrund des Rückzugs der Äthersubstanz und ihrer Verflechtung mit dem Astralkörper gewöhnlich eine kurze Periode friedvoller Unbewusstheit und hindert so den Menschen daran, in der physischen oder astralen Welt zu wirken. Einige Menschen schütteln die Ätherhülle innerhalb weniger Minuten ab; andere verharren stunden-, tage- oder sogar wochenlang in ihr, obwohl der Vorgang gewöhnlich nicht länger als einige Stunden in Anspruch nimmt.

Im Laufe der Tage lösen sich die höheren Prinzipien allmählich von dem Doppel, das nun seinerseits zum ätherischen Leichnam wird, der in der Nähe des grobstofflichen verbleibt und mit ihm gemeinsam zerfällt. Diese Äthergeister können auf den Friedhöfen oft als violetter oder bläulich-weißer Nebel beobachtet werden, der im Laufe seines Verfalls häufig unschöne Erscheinungsformen annimmt.

Einer der großen Vorteile der Verbrennung liegt darin, dass der Ätherkörper durch die Zerstörung der grobstofflichen Physis sein Nest verliert und somit rasch zerfällt.

In Fällen, bei denen sich Menschen verzweifelt an die physische Existenz klammern, kann sich der Astralkörper nicht vollkommen von der Ätherhülle trennen, und sie wachen auf, immer noch umgeben von Äthersubstanz. Dieser Zustand ist sehr unangenehm, da die Ätherhülle dem Menschen den Zugang zur Astralwelt versperrt und er gleichzeitig aufgrund des Verlustes der physischen Sinnesorgane nicht mehr völlig mit dem Erdendasein in Berührung kommen kann. Folglich gleitet er allein, stumm und erfüllt von schrecklicher Angst in einem dicken, düsteren Nebel umher, unfähig, mit einer der beiden Ebenen zu verkehren.

Trotz seiner Anstrengung verbraucht sich die Ätherhülle im Laufe der Zeit, doch nicht ohne zuvor unendlich gelitten zu haben. Jene, die ebenfalls hinübergegangen sind, und auch andere bemühen sich, dieser Personengruppe zu helfen.

Heilung

Ein Mensch von robuster Gesundheit strahlt ununterbrochen Lebensenergie aus, die von anderen aufgenommen werden mag. Auf diese Weise erhalten letztere Kraft, und geringfügige Krankheiten können geheilt, zumindest aber eine Erholung beschleunigt werden.

Da sich die Prana-Ströme dem Willen unterordnen, vermag jemand die aus ihm heraustretenden Vitalitätsströme bewusst zu lenken und ihren natürlichen Fluss stark zu vergrößern. Diese Ströme auf einen Patienten zu richten, der keine Kraft mehr besitzt, weil seine Milz nicht richtig arbeitet, mag dessen Genesung in hohem Maße fördern. Der Heiler gießt zusätzliche Vitalität in den Organismus des Patienten und hält dessen Mechanismus dadurch so lange aufrecht, bis er sich so weit erholt hat, dass er selbst wieder für ausreichend Vorrat an Prana sorgen kann. Auf diese Weise lässt sich durch den Starken die Heilung des Schwachen erreichen. In manchen Fällen genügt schon dessen Nähe, wobei der Prozess entweder völlig unbewusst und automatisch abläuft oder willentlich gesteuert wird. Nur reichlich Vitalität in den Patienten einströmen zu lassen, die seinen Organismus mit belebender Energie überflutet, kann bereits sehr vorteilhaft sein. Oder der Gebende leitet den Strom unmittelbar auf den erkrankten Körperteil. Viele leichtere Krankheiten werden bereits durch einen erhöhten Prana-Strom geheilt. Alle Nervenkrankheiten gehen mit einem Misserfolg des Ätherkörpers einher, was ebenfalls Verdauungsprobleme und Schlaflosigkeit hervorruft. Die Ursache für Kopfschmerzen liegt meistens in einer Stauung des Blutes oder der Nervenflüssigkeit, des sogenannten Magnetismus. Wenn der Heiler einen starken Vitalitätsstrom durch den Kopf des Leidenden lenkt, wird die gestaute Substanz aufgelöst und die Kopfschmerzen verschwinden.

Diese Methoden sind sehr einfach und nicht schwierig anzuwenden, obwohl ein geschulter Heiler, besonders wenn er über hellseherische Fähigkeiten verfügt, sie ungeheuer verbessern kann. Eine derartige Steigerung, die einige anatomische und physiologische Kenntnisse voraussetzt, besteht darin, sich ein mentales Bild des erkrankten Organs zu machen und sich dieses dann als gesund vorzustellen. Die Gedankenkraft bringt die Äthersubstanz in die gewünschte Form. Dies beschleunigt sehr stark den natürlichen Vorgang, neues Gewebe zu bilden.

Allmählich wird sich eine geschwächte Gesundheit auf mentaler oder astraler Ebene früher oder später als physische Krankheit widerspiegeln. Eine astral „kleinliche" Person, die es zulässt, dass der Astralkörper seine Kraft für nichtige Emotionen, Sorgen und Ängste vergeudet, verursacht nicht nur unangenehme und störende Auswirkungen auf den Astralkörper anderer empfindsamer Menschen, sondern die andauernde astrale Störung schlägt sich über den Äther auf den grobstofflichen physischen Körper nieder und ruft die verschiedensten Nervenkrankheiten hervor.

Fast alle nervlichen Probleme sind das unmittelbare Ergebnis unnötiger Sorgen und Emotionen und würden bald verschwinden, wenn man den Patienten belehren könnte, seine feinstofflichen Körper ruhig und friedlich zu halten.

Medialität

Bei einem Medium kann sich die Ätherhülle leicht vom physischen Körper lösen. Das ausgetretene ätherische Doppel bildet weitgehend die physische Grundlage für „Materialisationen“.

Solche materialisierten Formen beschränken sich gewöhnlich auf die unmittelbare Nähe des Mediums. Die Substanz, aus der sie besteht, unterliegt einer Anziehungskraft, die sie fortwährend zu dem Körper, aus dem sie stammt, zurückzieht. Wenn die Form sich allzu lange vom Medium entfernt, fällt sie in sich zusammen, und der Stoff, aus dem sie besteht, drängt augenblicklich zu seinem Ursprung zurück. In dem starken Schwingungsfeld des strahlenden Lichtes können sich solche Gebildc nur wenige Minuten halten.

Ein Medium befindet sich in einem gefährlichen Zustand, den man glücklicherweise verhältnismäßig selten antrifft. Er führt zu einer starken nervlichen Belastung und Unruhe. Die ausgetretene Ätherhülle wird gespalten. Wenn sie sich vollständig vom physischen Körper löste, träte der Tod ein, da die Lebenskraft oder das Prana nicht ohne Äthersubstanz fließen kann. Selbst der teilweise Rückzug des Doppels verursacht in der Physis eine gewisse Lethargie und hebt die Lebensfunktionen nahezu auf. Diesem gefährlichen Zustand folgt meistens eine extreme Erschöpfung.

Die ungeheure Belastung der Vitalität, die durch diesen Rückzug verursacht wird, führt dazu, dass das Medium nach der Sitzung häufig dem Zusammenbruch nahe ist. Viele verfallen der Trunksucht oder nehmen Aufputschmittel, um das furchtbare Verlangen nach Halt, das der plötzliche Kräfteverlust auslöst, zu befriedigen.

Sir William Crookes schrieb einmal dazu: „Nachdem ich den schmerzhaften Zustand nervlicher und körperlicher Erschöpfung, in den Herr Home nach einigen dieser Experimente verfiel, erlebt habe – ich sah in fast bewusstlos, blass und sprachlos auf dem Boden liegen – konnte ich kaum daran zweifeln, dass die Entwicklung übersinnlicher Kräfte mit einem Entzug der Vitalkraft einhergeht.“ Dieser Zustand ähnelt sehr dem Schock nach einem chirurgischen Eingriff.

Die Magnetisierung von Gegenständen

Dieser Vorgang spielt sich laufend ab, obwohl sich nur wenige dessen bewusst sind. Nahrungsmittel laden sich leicht mit dem Magnetismus derer auf, die mit ihnen umgehen oder sich ihnen nähern. Auf diesen Sachverhalt gründeten sich die strengen Essensregeln der Hindus. Für den geistigen Sucher ist die magnetische Reinheit ebenso wichtig wie körperliche Sauberkeit. Nahrungsmittel, wie Brot und Gebäck, werden besonders leicht mit dem Magnetismus derjenigen aufgeladen, die sie zubereiten, da der Magnetismus am stärksten aus den Händen fließt. Glücklicherweise beseitigt das Feuer, auf dem sie gebacken oder gekocht werden, die meisten Arten von physischem Magnetismus. Um eine Vermischung von Magnetismus zu vermeiden, bestehen einige Schüler darauf, nur ihr persönliches Besteck zu benutzen und lassen sich auch ihre Haare nur von jemandem schneiden, dessen Magnetismus ihnen zusagt, da es sich beim Kopf natürlich um den Körperteil handelt, bei dem ein fremder Magnetismus am wenigsten wünschenswert wäre. Bücher, vor allem aus öffentlichen Bibliotheken, laden sich mit den verschiedensten Magnetismen auf.

Kostbare Steine, die höchste Evolutionsstufe des Mineralreichs, besitzen eine sehr große Kraft, Eindrücke aufzunehmen und sie zu bewahren. Viele Edelsteine sind durchtränkt mit Gefühlen von Neid und Gier. Einige historische Juwelen sind erfüllt von physischen und anderen Ausstrahlungen, die mit Verbrechen in Zusammenhang stehen, die begangen wurden, um diese Steine zu besitzen. Tausende von Jahren bewahren solche Juwelen diese Eindrücke unverminderter Stärke, so dass Hellseher Bilder unbeschreiblichen Schreckens in ihrem Umfeld wahrnehmen. Aus diesem Grunde stehen die spirituellen Menschen dem Tragen von solchen Edelsteinen in vielen Fällen ablehnend gegenüber.

Der Astralkörper

Wir wollen uns den Astralkörper (a) eines unentwickelten Menschen, (b) eines Durchschnittsmenschen und (c) eines geistig entwickelten Menschen vornehmen.

a) Der Astralkörper eines unentwickelten Menschen ist eine wolkige, locker gegliederte Masse von unbestimmten Umrissen, welche aus astralem Geiststoff besteht. Materialien, die sämtlichen Unterabteilungen der Astralebene entnommen sind, wobei jedoch die Bestandteile der unteren Abteilungen bei weitem vorherrschen, so dass das Gefüge des Körpers dicht, grob und geeignet ist, auf alle mit Leidenschaften und Begierden verbundenen Reize anzusprechen. Die Farben sind der Schwingungszahl des Körpers entsprechend glanzlos, unrein und trüb. Braun, stumpfes Rot und schmutziges Grün sind die vorherrschenden Farbtöne. In einem solchen Astralkörper findet man keine sich verändernden Lichteindrücke, auch kein rasch wechselndes Licht- und Farbenspiel, die verschiedenen Leidenschaften äußern sich als schwerfällige Wogen oder, wenn sie heftig sind, als Blitze: So äußert sich sexuelles Triebverlangen als Woge von schmutzigem Karminrot und Wut als fahlroter Blitz.

Der Astralkörper ist größer als der physische und überragt diesen in einem Fall, wie es der hier von uns in Betracht gezogene ist, nach allen Richtungen um fünfundzwanzig bis dreißig Zentimeter. Die Zentren der Sinnesorgane heben sich scharf ab und werden aktiv, wenn sie von außen Anregungen erhalten. Im Ruhezustand dagegen sind die Lebensströme träge, und wenn der Astralkörper weder von der physischen noch von der mentalen Ebene aus angeregt wird, verhält er sich schläfrig und gleichgültig. Es ist immer das Zeichen für einen unentwickelten Zustand, wenn die Antriebe zur Tätigkeit mehr von außen als vom inneren Bewusstsein herrühren. Ein Stein muss, wenn er sich bewegen soll, gestoßen werden; eine Pflanze bewegt sich unter der Kraft der Anziehung, welche Licht und Feuchtigkeit auf sie ausüben; ein Tier wird tätig, wenn es der Hunger treibt; ein Mensch auf niedriger Entwicklungsstufe bedarf ähnlicher Antriebe. Erst wenn der Intellekt eine gewisse Reife erlangt hat, beginnt er die Initiative zu Handlungen zu geben.

Die Zentren höherer Tätigkeit, von denen das unabhängige Funktionieren der astralen Sinne abhängt, sind kaum sichtbar. Ein auf dieser Stufe stehender Mensch braucht für seine Entwicklung heftige Empfindungen jeglicher Art, um seine Natur aufzurütteln und zur Tätigkeit anzuspornen. Schwere Erschütterungen freudiger und leidvoller Art aus der äußeren Welt sind erforderlich, um ihn aufzuwecken und zum Handeln zu bewegen. Je zahlreicher und heftiger die Empfindungen sind, je mehr er zum Fühlen gebracht werden kann, desto besser ist es für sein Wachstum.

Das Erwachen der Moral eines solchen Menschen erfolgt in seinen Leidenschaften. Ein schwacher Antrieb zur Selbstlosigkeit in seinen Beziehungen zu Weib und Kind oder Freunden wird der erste Schritt nach aufwärts sein; er versetzt dadurch die feinere Materie seines Astralkörpers in Schwingungen und zieht mehr Elementaressenz geeigneter Art in diesen hinein. Der Astralkörper wechselt beständig seine Bestandteile unter diesem Spiel der Leidenschaften, Begierden, Wünsche und Gemütsbewegungen. Alle guten Gemütsbewegungen stärken die feineren Teile des Körpers, stoßen gröbere Bestandteile ab, bauen feineres Material ein und ziehen positive Elemente helfender Art an, die bei diesem Erneuerungsprozess helfen. Alle schlechten Gemütsbewegungen haben dagegen genau die entgegengesetzte Wirkung, stärken die gröberen Teile, stoßen die feineren ab, ziehen mehr Grobes herein und ziehen Elemente an, welche den Prozess der Verschlechterung noch mehr unterstützen. Die moralischen und intellektuellen Kräfte des hier betrachteten Menschen sind erst im Keimzustand und dann noch so schwach, dass man sagen kann, der Aufbau und die Veränderung seines Astralkörpers erfolgen mehr für ihn als durch ihn. Es hängt mehr von den äußeren Umständen ab, die ihn umgeben, als von seinem eigenen Willen, denn es ist, wie bereits erwähnt, das charakteristische Merkmal einer niederen Entwicklungsstufe, dass der Mensch viel mehr von außen und durch seinen physischen Körper zur Tätigkeit angeregt wird, als von innen heraus und durch seinen Intellekt. Es ist ein Zeichen bedeutenden Fortschritts, wenn ein Mensch beginnt, den Antrieben seines Willens und seiner eigenen Entschlüsse aus eigener Kraft zu folgen, statt sich durch Begierden treiben zu lassen, d.h. bloß auf von außen kommende Anziehung oder Abstoßung zu reagieren.

Im Schlaf schlüpft der das Bewusstsein umhüllende Astralkörper aus dem physischen Körper heraus, hüllt das Bewusstsein in sich ein und überlässt den dicht-physischen und ätherischen Körper dem Schlummer. Auf der von uns in Betracht gezogenen Stufe ist jedoch das Bewusstsein im Astralkörper noch nicht erwacht, da dort die kräftigen Anregungen fehlen, die es im physischen Gehäuse aufrütteln; das Einzige, was den Astralkörper in diesem Stadium beeindrucken kann, sind Elementale derberer Art, die in ihm Schwingungen hervorrufen können, welche, auf das ätherische und physische Gehirn reflektiert, in ihm Träume animalischer Freuden erzeugen. Der Astralkörper bleibt gerade über dem physischen Körper schweben und kann sich, durch dessen starke Anziehung festgehalten, nicht weit entfernen.

b) Bei einem Menschen von durchschnittlicher Moral und durchschnittlichem Intellekt zeigt der Astralkörper gegenüber dem eben beschriebenen einen ungeheuren Fortschritt. Er ist größer, auch seine Bestandteile sind von ausgeglichener Qualität, und die Anwesenheit der feineren Stoffarten gibt seinem Aussehen ein gewisses Leuchten, während die höheren Gemütsbewegungen sich in schönen farbigen Wellen ausdrücken. Seine Umrisse sind nicht mehr verschwommen und veränderlich wie in dem zuerst beschriebenen Fall, sondern klar und bestimmt, und der Astralkörper nimmt Ähnlichkeit mit seinem Eigentümer an. Er ist offensichtlich auf dem Wege, ein Ausdrucksmittel für den inneren Menschen zu werden; er zeigt eine durchgebildete Gliederung und Stabilität.

Er ist ein Körper, geeignet und bereit zum Gebrauch und fähig, sich auch getrennt vom physischen Körper zu behaupten. Ohne dass seine Formbarkeit abnimmt, hat er dennoch eine Normalform, zu der er beständig zurückkehrt, wenn irgendein auf ihn ausgeübter Druck, der seine Gestalt verändert hat, wieder nachlässt. Er ist ohne Unterbrechung in Tätigkeit und daher in ständigem Vibrieren, wobei er eine endlose Reihe wechselnder Farben zeigt. Die „Räder“ sind schon deutlich sichtbar, aber noch nicht in Wirksamkeit. Er reagiert rasch auf alle Berührungen, die ihm durch den physischen Körper vermittelt werden, und wird auch bereits durch die Einflüsse angeregt, welche die bewusste Wesenheit in seinem Inneren über ihn ausströmt. Erinnerungen und Vorstellungen spornen ihn zur Tätigkeit an und lassen ihn so selbst den physischen Körper antreiben, statt stets nur von ihm getrieben zu werden. Seine Läuterung erfolgt auf dieselbe Weise wie im früheren Fall; minderwertige Bestandteile werden durch Erregung ihnen entgegengesetzter Schwingungen ausgestoßen und feineres Material wird an ihrer Stelle hereingezogen. Doch die wachsende moralische und intellektuelle Entwicklung eines solchen Menschen bringt das ganze Gebilde jetzt fast völlig unter seine Herrschaft, denn er wird nicht mehr durch äußere Reize hin und her getrieben, sondern überlegt, urteilt und widersteht oder gibt nach, wie er es für richtig hält. Durch richtig gelenkte Gedanken kann er seinen Astralkörper sehr rasch beeinflussen und dadurch dessen Verbesserung zusehends beschleunigen. Er braucht, um diese Wirkungen hervorzubringen, den modus operandi durchaus nicht zu verstehen, so wenig wie ein Mensch die Gesetze des Lichtes zu kennen braucht, um zu sehen.

Im Schlaf schlüpft dieser wohl entwickelte Astralkörper in der üblichen Weise aus seinem physischen Gehäuse; er wird von ihm durchaus nicht gefangen gehalten, wie im vorhergehenden Fall. Er streift in der Astralwelt umher, von astralen Strömungen dabei hin und her getrieben. Das Bewusstsein in seinem Inneren kann zwar die Bewegungen des Astralkörpers noch nicht lenken, es ist aber durchaus wach, erfreut sich seiner eigenen mentalen Bilder und seiner Denktätigkeit und ist fähig, durch seine astrale Hülle Eindrücke zu empfangen und sie in mentale Bilder umzuwandeln. Auf diese Weise kann ein Mensch, während er außerhalb seines Körpers ist, Wissen erlangen und dieses Wissen nachher seinem Gehirn als lebhaften Traum oder als Vision einprägen, oder es kann auch unmittelbar ohne diese Brücke in das Gehirnbewusstsein einsickern.

c) Der Astralkörper eines geistig hoch entwickelten Menschen ist aus feinsten Teilchen aller Unterabteilungen der Astralebene zusammengesetzt, wobei die höheren Arten weitaus überwiegen. Er bietet daher einen wunderbaren Anblick in seiner Leuchtkraft und Farbenpracht. Impulse, die er durch den geläuterten Intellekt empfängt, zeigen Farbschattierungen, die auf Erden nicht bekannt sind.

In einem solchen Astralkörper könnte man sehen, dass die feurigen Räder ihren Namen verdienen, und ihre wirbelnde Bewegung deutet die Aktivität der höheren Sinne an. Ein solcher Körper ist in des Wortes voller Bedeutung ein Bewusstseinsträger, denn im Verlaufe der Entwicklung ist er in allen seinen Organen zu lebendiger Tätigkeit erweckt worden und unter die völlige Herrschaft seines Eigentümers gelangt. Wenn dieser den physischen Körper, von seinem Astralkörper umhüllt, verlässt, so erleidet das Bewusstsein keine Unterbrechung; er schüttelt bloß eine schwere Kleidung ab und findet sich befreit von dieser Last. Er kann sich innerhalb der astralen Sphäre mit größter Geschwindigkeit überallhin begeben und ist nicht mehr durch die beengenden irdischen Verhältnisse gehemmt. Sein Körper folgt jedem Impuls seines Willens, spiegelt seine Gedanken und gehorcht ihnen. Die Möglichkeit, der Menschheit zu dienen, hat sich für ihn dadurch ungeheuer vergrößert, und seine Kräfte werden von seiner Tugend und seinem Wohlwollen gelenkt. Die Abwesenheit grober Teilchen in seinem Astralkörper macht diesen unfähig, auf die Reize von Gegenständen niederer Begierden zu reagieren; diese verlieren für ihn völlig ihre Anziehungskraft. Der ganze Körper schwingt nur in Antwort auf Gemütsbewegungen, seine Liebe hat sich in Opferwillen verwandelt, seine Tatkraft wird durch Geduld gezügelt. Sanft, ruhig und heiter, kraftvoll, aber ohne jede Spur von Unrast, findet ein solcher Mensch alle helfenden Kräfte zu seinem Dienst bereit.

Der Astralkörper bildet die Brücke über die Kluft, welche das Bewusstsein vom physischen Gehirn trennt. Eindrücke, welche von den Sinnesorganen aufgenommen und durch sie den dichten und ätherischen Zentren übermittelt werden, gehen von dort weiter zu den entsprechenden astralen Zentren.

Hier wirkt die Elementalessenz auf sie ein, verwandelt sie in Gefühle und stellt sie dann dem inneren Menschen – wobei die astralen Schwingungen entsprechende Schwingungen im Stoff des Mentalkörpers hervorrufen – als Bewusstseinserlebnisse vor. Durch diese Stufenfolge verschiedener Feinheitsgrade des Geiststoffes können die schwerfälligen Eindrücke irdischer Objekte der bewussten Wesenheit vermittelt werden; umgekehrt können die durch ihre Gedanken hervorgerufenen Schwingungen über dieselbe Brücke ins physische Gehirn gelangen und dort ihnen entsprechende Schwingungen hervorrufen. Dies ist der gewöhnliche, normale Weg, auf welchem das Bewusstsein Eindrücke von außen empfängt und seinerseits Eindrücke nach außen sendet. Diese in beide Richtungen immer wieder durchziehenden Schwingungen sind es, die in erster Linie die Entwicklung des Astralkörpers bewirken. Dieser Strom umspült ihn von innen und außen, bildet seine Organe aus und fördert sein allgemeines Wachstum; durch ihn nimmt er an Umfang zu, seine Gewebe werden feiner, seine Umrisse bestimmter und sein inneres Gefüge erhält eine bessere Durchbildung.

Auf diese Weise geschult, dem Bewusstsein zu antworten, wird der Astralkörper nach und nach tauglich, diesem als selbstständiges Werkzeug zu dienen und ihm Schwingungen, die er unmittelbar aus der astralen Welt empfängt, klar und deutlich zu übermitteln.

Der Mentalkörper

Wir wollen nun untersuchen, wie es mit dem Denker und seinem Gewand bei den Menschen auf Erden bestellt ist.

a) Im unentwickelten Menschen ist der Mentalkörper nur schwach zu erkennen; eine kleine Menge ungeordneten Metallstoffes, zum größten Teil aus der niedersten Unterabteilung dieser Ebene genommen, ist alles, was davon zu sehen ist. Er wird fast nur von den niederen Körpern beeinflusst. Stürmische astrale Erregungen, erzeugt durch Eindrücke der Sinnesorgane bei der Berührung mit stofflichen Gegenständen, versetzen ihn in schwache Schwingungen. Sonst verhält er sich fast ganz still, und sogar auf den Anstoß dieser astralen Schwingungen antwortet er nur träge. Da er von innen her zu keiner bestimmten Handlungsweise angeregt wird, sind diese Stöße von der Außenwelt notwendig, um eine Antwort zu erzielen. Je heftiger die Schläge sind, desto besser ist es für den Fortschritt des Menschen, denn jede antwortende

Schwingung trägt zur Entwicklung des jungen Mentalkörpers bei. Ausgelassene Vergnügungen, Zorn, Wut, Schmerz, Schrecken, alle diese Leidenschaften, die Wirbelstürme im Mentalkörper erzeugen, erwecken schwache Schwingungen im Mentalkörper, und diese Schwingungen regen das Mentalbewusstsein allmählich an, selbst tätig zu werden. Sie veranlassen es, zu den Eindrücken, die es von außen erhält, etwas Eigenes hinzuzufügen.

Der Mentalkörper ist so eng mit dem astralen vermengt, dass sie wie ein einheitlicher Körper handeln, aber die erwachenden mentalen Fähigkeiten verleihen den astralen Leidenschaften eine gewisse Kraft und Beschaffenheit, die ihnen, solange sie als bloße tierische Eigenschaften wirken, nicht eigen sind. Die Eindrücke, die der Mentalkörper empfängt, sind von dauernderer Wirkung als die des Astralkörpers, und er vermag sie bewusst zu wiederholen.

Hier beginnen jetzt die Funktion des Gedächtnisses und das Organ der Vorstellungskraft sich zu entwickeln; letzteres formt sich dadurch, dass die Bilder der Außenwelt auf die Bestandteile des Mentalkörpers wirken und sie nach ihrem Ebenbild gestalten. Diese Bilder, entstanden aus der Berührung der Sinne mit der Außenwelt, ziehen den dichtesten Mentalstoff um sich herum; die erwachenden Kräfte des Bewusstseins reproduzieren die Bilder und sammeln auf diese

Weise ein ganzes Lager von Bildern an; diese Bilder sind es, die nun zum ersten Male eine von innen kommende Tätigkeit anregen, geboren aus dem Wunsch, durch die äußeren Organe Schwingungen, die als angenehm empfunden wurden, noch einmal zu erleben und Schmerz bringende zu vermeiden.

Jetzt beginnt der Mentalkörper, den Astralkörper zu erregen und in ihm die Begierden anzufachen, die im Tier schlummern, bis ein physischer Reiz sie weckt. Daher finden wir beim unentwickelten Menschen das ewige Jagen nach Sinnesbefriedigung, das bei den niedriger stehenden Tieren niemals anzutreffen ist, eine Wollust, Grausamkeit und Berechnung, die den Tieren völlig fremd ist. Die erwachenden, an die Sinne gefesselten und ihnen dienenden Verstandeskräfte machen den Menschen zu einer viel wilderen und gefährlicheren Bestie, als dies ein Tier jemals sein kann; und die stärkeren und feineren Kräfte, die dem mentalen Geiststoff innewohnen, verleihen der Begierden-Natur eine Intensität und Schärfe, die wir in der Tierwelt nicht finden. Aber gerade diese Exzesse führen durch die Leiden, die sie verursachen, selbst zu ihrer Überwindung, denn diese neuen Erlebnisse wirken ebenfalls auf das Bewusstsein und erzeugen neue Bilder, die von der Vorstellungskraft verarbeitet werden. Sie regen das Bewusstsein dazu an, vielen der Schwingungen, die von der Außenwelt durch den Astralkörper zu ihm gelangen, zu widerstehen und seinen Willen dazu zu gebrauchen, die Leidenschaften zu beherrschen, statt ihnen freien Lauf zu lassen. Solche Widerstand leistende Schwingungen werden in feineren Geiststoffverbindungen erregt und ziehen solche an den Mentalkörper heran; sie wirken auch dahin, die gröberen Verbindungen, die im Einklang mit der leidenschaftlichen Note des Astralkörpers schwingen, aus dem Mentalkörper auszustoßen. Durch diesen Kampf zwischen den von den Bildern der Leidenschaftsobjekte erzeugten Schwingungen und jenen, welche durch die Erinnerungsbilder vergangener, leidvoller Erfahrungen entstehen, wächst der Mentalkörper, beginnt einen festen inneren Aufbau zu entwickeln und in der äußeren Tätigkeit immer aktiver zu werden.

Während das Erdenleben zum Sammeln von Erfahrungen verwendet wird, dient die Zeit zwischen den Erdenleben ihrer Verarbeitung, wie wir im folgenden Kapitel genauer sehen werden, so dass der Denker bei jeder Wiederkunft auf die Erde über einen größeren Vorrat an Fähigkeiten verfügt, die als sein Mentalkörper Gestalt annehmen. Auf diese Weise entfaltet sich der unentwickelte Mensch, dessen Verstand der Sklave seiner Leidenschaften ist, zum Durchschnittsmenschen, dessen Verstand ein Schlachtfeld ist, auf dem die Leidenschaften und Verstandeskräfte mit wechselndem Erfolg, aber mit fast gleicher Stärke, ihre Kämpfe austragen, der aber doch allmählich Herrschaft über seine niedere Natur gewinnt.

b) Beim Durchschnittsmenschen ist der Mentalkörper viel

größer, zeigt ein gewisses Maß an Ordnung und Gliederung und enthält ziemlich viel Stoff aus der zweiten, dritten und vierten Unterabteilung der Mentalebene. Das allgemeine Gesetz, welches den Aufbau und die Umwandlung des Mentalkörpers regelt, kann hier am besten studiert werden, obwohl es dasselbe Prinzip ist, welches wir bereits im niederen Bereich der astralen und physischen Welt am Werk sahen. Übung stärkt, Nichtgebrauch lässt verkümmern und schließlich absterben. Jede im Mentalkörper erzeugte Schwingung verursacht eine Veränderung seiner Bestandteile; sie stößt Stoff, der nicht im Gleichklang schwingen kann, an der betroffenen Stelle aus und ersetzt ihn durch passende Stoffe aus dem praktisch unerschöpflichen Vorrat ringsum. Je öfter eine Schwingungsreihe wiederholt wird, desto stärker entwickelt sich der von ihr beeinflusste Teil. Daher kommt auch – das sei nebenbei bemerkt – der Schaden, der dem Mentalkörper durch übermäßige Spezialisierung der Verstandeskräfte zugefügt wird. Eine solche Fehllenkung verursacht eine einseitige Entwicklung des Mentalkörpers; er wird in dem Teil, in welchem diese Kräfte ständig wirken, überentwickelt, und andere, vielleicht ebenso wichtige Teile bleiben verhältnismäßig unentwickelt. Eine harmonische, sich auf alle Teile gleichmäßig erstreckende Entwicklung ist das erstrebenswerte Ziel; und dazu bedarf es einer ruhigen Selbstprüfung und der klaren Ausrichtung der Mittel auf das Ziel. Ein Wissen um dieses Gesetz gewährt sichere Hoffnung auf Fortschritt.

Beginnt man mit einen neuen Studium oder wendet sich einem höheren moralischen Grundsatz zu, dann erweisen sich die Anfangsstufen als erfüllt von Schwierigkeiten, ja manchmal wird das Streben gleich wieder aufgegeben, weil die Hindernisse auf dem Weg zum Erfolg unüberwindbar scheinen. Wenn eine neue Verstandesarbeit in Angriff genommen wird, dann lehnt sich der ganze Automatismus des Mentalkörpers dagegen auf, seine Bestandteile, die an eine bestimmte Schwingungsart gewöhnt sind, können sich dem neuen Impuls nicht anpassen, und das erste Stadium besteht daher vorwiegend aus Kraftanstrengung, die sich, so weit es sich darum handelt, im Mentalkörper bestimmte Schwingungen in Gang zu setzen, als vergeblich erweisen. Sie sind aber die notwendige Vorbereitung dafür, da sie die alten widerspenstigen Stoffe aus dem Körper hinausschütteln und solche gleichgestimmter Art hineinziehen. Während dieses Vorganges ist sich der Mensch keines Fortschritts bewusst. Er spürt nur die Vergeblichkeit seiner Anstrengungen und den dumpfen Widerstand, auf den er stößt. Wenn er jedoch Ausdauer hat, dann wird er alsbald, wenn die neu hereingezogenen Stoffe zu wirken beginnen, besseren Erfolg in seinen Bemühungen haben und schließlich, wenn alle alten Stoffe ausgestoßen und die neuen wirksam sind, hat er mühelosen Erfolg – und sein Ziel ist erreicht. Die kritische Zeit ist das Anfangsstadium; vertraut er aber dem Gesetz, das ebenso zuverlässig wirkt wie jedes andere Naturgesetz, und wiederholt er seine Anstrengungen mit Ausdauer, dann muss er Erfolg haben. Das Wissen um diese Tatsachen wird ihn ermuntern, während er sonst leicht in Verzweiflung versinken könnte.

So kann der Durchschnittsmensch also an sich arbeiten und in dem Maße, wie er den Eingebungen seiner niederen Natur, deren er sich bewusst ist, standhaften Widerstand leistet, wird er mit Freude entdecken, dass sie ihre Macht über ihn verlieren, denn er treibt alle Stoffe aus seinem Mentalkörper hinaus, die imstande sind, mit ihnen im Gleichklang zu schwingen. So wird der Mentalkörper nach und nach aus den feineren Bestandteilen der vier niederen Unterabteilungen der Mentalebene zusammengesetzt, bis er schließlich zu jener strahlenden und auserlesen schönen Gestalt wird, die der Mentalkörper des geistig entwickelten Menschen ist.

c) Aus dem Mentalkörper des geistig entwickelten Menschen sind alle gröberen Stoffverbindungen entfernt worden, so dass die Sinnesobjekte weder in ihm noch in dem mit ihm verbundenen Astralkörper Material vorfinden, das mit ihren Schwingungen harmoniert. Er enthält nur die feineren Verbindungen aus den vier Unterabteilungen der niederen Mentalwelt, und von diesen wieder überwiegen in seiner Zusammensetzung die Stoffe der dritten und vierten Unterabteilung sehr stark gegenüber jener der ersten und zweiten, so dass er empfänglich ist für die höhere Wirksamkeit des Intellektes, für die zarten und feinen Berührungen der erlesenen Künste und für alle reinen, erhabenen Gemütsbewegungen. Ein derartiger Körper befähigt den Denker, dessen Gewand er ist, sich auf der niederen Mentalebene, in der astralen und in der physischen Welt viel vollkommener auszudrücken. Seine Stoffe können auf einen viel weiteren Schwingungsbereich antworten, und die Impulse aus höheren Welten verleihen ihm eine edlere und feinere Struktur. Solch ein Mentalkörper wird sehr bald fähig, jeden vom Denker ausgesandten Impuls wiederzugeben, der auf den niederen Unterabteilungen der Mentalebene Ausdruck finden kann. Er wird zu einem vollkommenen Werkzeug für die Tätigkeiten in der niederen Mentalwelt.

Ein klares Verständnis für die Natur des Mentalkörpers würde die heutigen Erziehungsmethoden sehr verändern und sie für den Denker bedeutend nützlicher machen, als es heute der Fall ist.

Der Kausalkörper

Gedanken auf der Kausalebene

Die Mentalebene bildet das Betätigungsfeld des sogenannten Verstandes im Menschen.

Im Menschen wirkt der Kausalkörper als Träger des Intellekts, mit der Funktion der abstrakten Gedanken, während der Mentalkörper den Träger des Verstandes mit seiner Funktion des konkreten Denkens bildet.

Der Verstand gewinnt Wissen, indem er die Sinne zur Beobachtung nutzt; er verarbeitet seine Wahrnehmungen und bildet daraus Vorstellungen.

Während sich auf den unteren Stufen der Gedanke stets auf die reine Persönlichkeit richtet, wirken wir auf den höheren Unterebenen direkt auf die Seele ein, den wirklichen Menschen selbst.

Der Übergang von einer abstrakten Vorstellung zu einem konkreten Gedanken, wenn die Vorstellung sich in die Materie der vier niederen Unterebenen kleidet, muss einen verblüffenden Anblick bieten.

Das Kausalbewusstsein befasst sich mit der Essenz einer Sache, der Verstand hingegen studiert ihre Einzelheiten. Mit dem Verstand reden wir um ein Thema herum oder bemühen uns, es zu erklären; mit dem Kausalbewusstsein erfassen wir den Kern der Sache und bewegen sie als ein Ganzes, so wie man eine Figur auf dem Schachbrett bewegt. Die Kausalebene ist eine Welt der Wirklichkeiten. Wir beschäftigen uns nicht mehr mit Emotionen, Ideen und Vorstellungen, sondern mit der Sache an sich.

Wir wollen die Entstehung des Kausalgedankens ein wenig genauer beschreiben. Während der niedere Geist ausschließlich bei Mentalbildern verweilt, die aus Empfindungen und rein sachlicher Begründung hervorgegangen sind, und sich mit Unterscheidungsmerkmalen beschäftigt, hat die Seele gelernt, mit Hilfe des Kausalbewusstseins zwei Dinge eindeutig voneinander zu unterscheiden, indem sie auf die Ungleichheiten eingeht. Sie beginnt, ansonsten ungleiche Dinge aufgrund eines offenbar gemeinsamen Merkmals in Gruppen zu ordnen und eine Verbindung zwischen ihnen herzustellen.

DAs Kausalbewusstsein extrahiert und abstrahiert dieses gemeinsame Merkmal und trennt alle Objekte, die es besitzen, von den übrigen, denen es fehlt. Auf diese Weise entwickelt es die Fähigkeit, die Gleichheit inmitten der Verschiedenheit zu erkennen, ein Schritt in Richtung auf die sehr viel spätere Stufe, das Eine in der Vielfalt zu erkennen.

Auf diese Weise klassifiziert es seine Umgebung und entwickelt die Fähigkeit der Synthese, indem es lernt, zusammenzustellen und zu analysieren.

Der niedere Geist erreicht die abstrakte Idee durch Einsicht, und dieser Höhenflug lässt ihn die Schwelle der formlosen Welt berühren und verschwommen sehen, was jenseits davon liegt.

Der Denker mit seinem Kausalbewusstsein sieht diese Ideen und lebt ständig unter ihnen. Wenn er die Fähigkeit abstrakten Denkens übt und entwickelt, wird er in seiner eigenen Welt einsatzbereit und beginnt, aktiv in seiner eigenen Sphäre zu wirken.

Ein solcher Mensch wird sich kaum für das Leben der Sinne, für äußere Beobachtungen oder mentale Zusammenhänge und Bilder äußerer Dinge interessieren. Seine Kräfte sind nach innen gewandt und nicht mehr nach außen gerichtet, um nach Befriedigung zu suchen. Er ruht still in sich selbst, vertieft in philosophische Fragen, die tiefen Lebens- und Denkaspekte, und bemüht, die Ursachen zu verstehen, anstatt sich mit den Auswirkungen zu belasten und sich so der Erkenntnis des Einen, das der Verschiedenheit der äußeren Natur zugrunde liegt, zu nähern.

Es wurde der Übergang vom niederen mentalen zum Kausalbewusstsein mittels regelmäßiger Konzentration, Meditation und Kontemplation bereits ausführlich dargelegt.

Auf den höheren Stufen der Mentalebene besitzen die Gedanken eine sehr viel stärkere Kraft als dies auf den niederen Stufen der Fall ist. Einer der Gründe dafür liegt darin, dass bislang nur wenige Menschen fähig sind, auf solchen hohen Ebenen zu denken, weshalb alle dort hervorgebrachten Gedanken das Feld praktisch für sich alleinc haben. Es gibt also nicht viele andere Gedanken in diesem Reich, mit denen sie wetteifern müssten.

Dieses Prinzip weiterverfolgend, wird klar, dass der Gedanke eines Eingeweihten, der sich über die gesamte Mentalwelt hinaus auf die Buddhi-Ebene emporschwingt, sich in die Elementaressenz der kausalen Unterebenen kleidet. In ähnlicher Weise wird der Gedanke eines Adepten von der Atman-Ebene herabströmen, die gewaltigen und völlig unberechenbaren Kräfte aus Regionen ausübend, von denen die normale Menschheit nichts weiß.

Deshalb heißt es, die Arbeit eines einzigen Tages auf solchen Ebenen übersteige in ihrer Wirkung bei weitem die irdische Mühsal von tausend Jahren.

Schüler, die mit dem Kausalgedanken, nämlich in Prinzipien zu denken, nicht vertraut sind, sollten darauf achten, dass sie in ihrem Bemühen, abstrakt zu denken, am Anfang keine Kopfschmerzen verursachen, was bedeutet, dass die Gehirntätigkeit überbeansprucht wird. Die über mehrere Jahre hin regelmäßig ausgeübte Meditation sollte im Kausalbewusstsein eine gewisse Neigung hervorrufen, sich vom Bewusstsein des Mentalkörpers berühren zu lassen. Wenn dies erreicht ist, müssen abstrakte Gedanken auf den Kausalebenen möglich sein, ohne dabei das Risiko einzugehen, den Denkmechanismus über Gebühr zu strapazieren.

Da der niedere Geist eine zunehmend untergeordnete Stellung einnimmt, setzen sich diese Kräfte der Seele durch, und die Intuition – die der unmittelbaren Sicht der physischen Ebene entspricht – nimmt den Platz des Denkens ein, der mit dem physischen Tastsinn verglichen werden kann.

Die Intuition entwickelt sich demnach in derselben ununterbrochenen Weise und ohne Veränderung der eigentlichen Natur, so wie sich das Auge aus der Berührung entwickelt. Die Veränderung der „Art und Weise“ sollte uns die ordnungsgemäße und folgerichtige Entfaltung der Fähigkeiten nicht übersehen lassen.

Der Schüler muss natürlich sorgsam unterscheiden zwischen echter Intuition und der Pseudo-Intuition des Unintelligenten, bei der es sich nur um einen aus dem Verlangen hervorgegangenen Impuls handelt, der nicht über, sondern unter dem Denkprozess steht.

Entwicklung und Fähigkeiten des Kausalkörpers

In einem unentwickelten Menschen wächst der Kausalkörper äußerst langsam. Durch die Anregung von Sympathieschwingungen werden die höheren, durch das Leben auf den niederen Ebenen entwickelten Eigenschaften allmählich in den Kausalkörper eingebaut. Im Leben eines solchen Menschen wird es nur wenige Gefühle und Gedanken geben, die der höheren Welt angehören und die dem Wachstum des wahren Menschen als Nahrung dienen können. Das Wachstum erfolgt langsam, da das restliche Leben ihm keine Unterstützung bietet.

In jedem Fall bedeutet das Vorhandensein einer negativen Eigenschaft in der Persönlichkeit einen Mangel der entsprechenden Tugend im Kausalkörper. Eine Seele kann nicht böse, wohl aber unvollkommen sein. Die von ihr entwickelten Eigenschaften sind gut, und wenn sie klar hervortreten, zeigen sie sich in jeder ihrer zahlreichen Persönlichkeiten, und infolgedessen können sich diese Persönlichkeiten niemals die diesen Eigenschaften entgegengesetzten Laster zuschulden kommen lassen.

Dennoch mag es in der Seele eine gute Eigenschaft geben, die noch brach liegt. Sobald sie aktiv ist, werden sich ihre intensiven Schwingungen auf die niederen Träger auswirken, und die entgegengesetzte, schlechte Eigenschaft kann sich niemals mehr in ihnen festsetzen.

Der kürzeste Weg, ein Übel loszuwerden und zu verhindern, dass es wieder auftaucht, besteht darin, die Lücke im Ego zu füllen, so dass die so entwickelte gute Eigenschaft in allen zukünftigen Leben als wesentliche Charaktereigenschaft des Menschen in Erscheinung tritt.

Obwohl nichts Negatives direkt im Kausalkörper gespeichert werden kann, können sich schlechte Eigenschaften dennoch auf ihn auswirken; jede Intensivierung eines Lasters in den niederen Trägern, jedes Schwelgen in den niederen Welten, führt in gewisser Weise dazu, die Leuchtkraft der entgegengesetzten Eigenschaft im Kausalkörper abzuschwächen.

Aus diesem Grunde bergen Ehrgeiz, Stolz und intellektuelle Fähigkeiten, die selbstsüchtige Ziele verfolgen, weitaus größere Gefahren und sind tödlicher in ihren Auswirkungen als die eher augenfälligen Fehler der niederen Natur. Der „Pharisäer" steht dem „Reich Gottes" oft ferner als der „Zöllner und Sünder". Auf diese Art und Weise wird sich der „Schwarzmagier" geboren, jener Mensch, der Leidenschaft und Begierde besiegt, den Willen und die höheren Geisteskräfte entwickelt, aber nicht um die Evolution des Ganzen zu fördern, sondern um möglichst alles für sich selbst zu ergreifen und es zu behalten, nicht um es mit andern zu teilen. Solche Menschen setzen die Trennung gegen die Einheit, indem sie danach trachten, die Evolution zurückzuhalten, anstatt sie zu beschleunigen. Sie schwingen in Dissonanz, anstatt in Harmonie mit dem Ganzen, und laufen Gefahr, das Ego selbst zu spalten, was den Verlust aller Früchte der Evolution bedeutet.

Dem Evolutionsgesetz zufolge trägt alles Böse, so stark es auch zu sein scheint, den Keim der Selbstzerstörung in sich, während in allem Guten der Same der Unsterblichkeit ruht. Das Geheimnis hierfür liegt in der Tatsache, dass alles Böse disharmonisch ist, da es sich dem kosmischen Gesetz widersetzt. Früher oder später wird es daher durch dieses Gesetz aufgebrochen und zerschmettert. Andererseits schwingt alles Gute im Einklang mit dem Gesetz und wird von ihm aufgefangen und weitergeführt; es wird Teil des Evolutionsstroms, der nur das Beste des Ganzen im Sinn hat, und kann daher weder zugrunde gehen noch zerstört werden.

Je stärker der Kausalkörper die Seele zum Ausdruck zu bringen vermag, desto weiter dehnt er sich über das physische Zentrum hinaus aus, bis der Mensch die Fähigkeit erlangt, Hunderte und sogar Tausende von Leuten einzuhüllen und so einen gewaltigen Einfluss zum Guten hin auszuüben.

Bei einem entwickelten Menschen spiegelt der Mentalkörper den Kausalkörper wider, da der Mensch lernt, einzig und allein den Eingebungen des höheren Selbst zu folgen und seinen Verstand nur von ihm lenken zu lassen.

Bevor wir die Möglichkeit erwägen, uns bewusst auf der Kausalebene zu betätigen, sollten wir bedenken, dass ein Mensch, der noch an einen physischen Körper gebunden ist, entweder ein Adept oder einer ihrer eingeweihten Schüler sein muss, um sich in vollem Bewusstsein auf der Mentalebene – entweder den niederen oder höheren Stufen – zu bewegen, denn erst wenn der Schüler von seinem Meister gelernt hat, wie er seinen Mentalkörper gebraucht, wird er fähig sein, sich auf den untersten Stufen frei zu bewegen.

Während des irdischen Lebens bewusst auf den höheren Ebenen tätig zu sein, weist auf einen noch größeren Fortschritt hin, denn es bedeutet die Ganzwerdung des Menschen, so dass er hier unten nicht nur eine mehr oder weniger von der über ihr schwebenden Individualität beeinflusste Persönlichkeit darstellt, sondern selbst diese Individualität oder die Seele ist. Gewiss wird er von einem Körper gehemmt und eingeschränkt, aber dennoch trägt er in sich die Macht und das Wissen einer hoch entwickelten Seele.

Die buddhische und die nirvanische Ebene

Wir haben gesehen, dass der Mensch eine intelligente, selbstbewusste Wesenheit ist – der Denker – gehüllt in Körper, die der niedermentalen, der astralen und der physischen Ebene angehören – und kommen nun dazu, den Geist zu erforschen, der sein innerstes Selbst ist, die Quelle, der er entspringt.

Dieser göttliche Geist ist dreifacher Natur, und die Entwicklung des Menschen besteht in der schrittweisen Offenbarung dieser drei Aspekte, ihrer Entfaltung aus dem Schlummerzustand zur Wirksamkeit. Der Mensch wiederholt dadurch im Kleinen die Entwicklung des Universums. Man bezeichnet ihn daher auch als Mikrokosmos, im Gegensatz zum Universum als dem Makrokosmos; er wird das Spiegelbild des

Universums, das Ebenbild oder der Abglanz Gottes genannt; daher auch der alte Grundsatz: „Wie oben, so unten." Dieser dem Menschen innewohnende Gott ist die Gewähr für seinen schließlichen Triumph; er ist die verborgene Triebkraft, welche die Entwicklung zugleich möglich und unausweichlich macht, die emporziehende Kraft, die mit der Zeit jedes Hindernis und jede Schwierigkeit überwindet.

Die menschliche Monade, wie sie zur Unterscheidung genannt wird, weist, als vollkommenes Ebenbild der Gottheit, die drei Aspekte Gottes auf, und diese drei Aspekte werden nur im Laufe des Entwicklungszyklus der Menschheit einer nach dem anderen entfaltet. Diese Aspekte sind die drei wesentlichen Ausdrucksformen des im Universum geoffenbarten göttlichen Lebens: Sein, Seligkeit und Intelligenz. Im Menschen werden diese Aspekte in umgekehrter Reihenfolge entwickelt – Intelligenz, Seligkeit, Sein –, wobei der Begriff „Sein" die Offenbarung der göttlichen Kräfte einschließt.

Wenn dieser Seligkeitsaspekt des Selbstes seine Schwingungen auszusenden beginnt, ziehen diese in gleicher Weise wie auf den niederen Ebenen Materie derjenigen Ebene an sich, auf der sie wirken, und so wird allmählich der buddhische oder Seligkeitskörper, wie er zutreffend genannt wird, gebildet.

Die einzige Möglichkeit, durch die der Mensch die Bildung dieses herrlichen Körpers fördern kann, ist die Pflege reiner, selbstloser, allumfassender, wohlwollender Liebe, einer Liebe, die „nichts für sich selbst sucht“, die weder parteiisch ist noch irgendeine Erwiderung fordert. Dieses spontane Ausströmen von Liebe ist das auffallendste Kennzeichen des Göttlichen: Es ist dies jene Liebe, die alles gibt und nichts begehrt. Reine Liebe war es, die das Weltall zur Entstehung brachte, reine Liebe erhält es, reine Liebe zieht es nach aufwärts zur Vollendung, zur Seligkeit. Wo immer ein Mensch unterschiedslos auf alle, die dessen bedürfen, Liebe ausstrahlt, ohne einen Lohn zu erwarten, aus reiner natürlicher Freude daran, Liebe auszustrahlen, da entwickelt dieser Mensch den Seligkeitsaspekt der Gottheit in sich und bereitet jenen Körper unaussprechlicher Schönheit und Freude, in den der Denker sich erheben wird, wenn er die Schranken des Gesondertsein zerbricht, um zu erkennen, dass er zwar er selbst ist, aber doch gleichzeitig auch eins mit allem, was lebt. Dies ist „das Haus, nicht mit Händen gemacht, das ewig ist im Himmel“, von dem Paulus, der große christliche Eingeweihte, schrieb. Er stellte daher „caritas“, die reine, helfende Liebe, über alle anderen Tugenden, weil durch sie allein der Mensch auf Erden für die Bereitung jener erhabenen Wohnstatt etwas beitragen kann. Aus diesem Grunde nennen die Buddhisten das Gesondertsein „den großen Irrglauben“ und die Hindus betrachten Vereinigung als das Ziel. Befreiung ist das Sich-Erheben über die Schranken, die uns voneinander absondern, und Selbstsucht ist das Grundübel, dessen Überwindung die Vernichtung allen Leidens bedeutet.

Die fünfte Ebene, die nirvanische, ist die Ebene des höchsten menschlichen Aspektes der Gottheit in uns. Es ist die Ebene des reinen Seins, die Ebene, auf der die göttlichen Kräfte in unserem fünffachen Universum ihre vollste Offenbarung zeigen. Was jenseits derselben, auf der sechsten und siebten Ebene liegt, verbirgt sich unseren Blicken und verschwindet im unvorstellbaren Licht der Gottheit. Das nirvanische Bewusstsein ist das Bewusstsein jener Erhabenen, der Erstlingsfrüchte der Menschheit, welche den Kreislauf der menschlichen Entwicklung schon vollendet haben und Meister genannt werden. Sie haben das Problem gelöst, wie das Wesen des individuellen Seins mit Nicht-Absonderung verbunden werden kann, und leben als unsterbliche Wesen, vollendet an Weisheit, Glückseligkeit und Macht.

Die Entfaltung auf der vierten und fünften Ebene gehört einer späteren Periode unserer Menschheit an, doch diejenigen, die den schwierigen Pfad eines rascheren Fortschrittes erwählen, können diesen schon jetzt betreten. Auf diesem Pfad wird der Seligkeitskörper schnell entwickelt, und der Mensch fängt an, sich des Bewusstseins jener erhabenen Region zu erfreuen. Er lernt die Seligkeit kennen, die der Wegfall der trennenden Schranken mit sich bringt, und die Weisheit, die einströmt, wenn die Grenzen des Intellekts überschritten werden. Dann ist die Seele dem Rad, das sie an die niederen Welten bindet, entronnen, dann spürt sie die erste Vorahnung der Freiheit, die sie auf der nirvanischen Ebene vollkommen erleben wird.

Das nirvanische Bewusstsein ist das Gegenteil von Vernichtung. Es ist ein zu einer Lebendigkeit und Intensität gesteigertes Sein, das für die, welche nur das Leben der Sinne und des Verstandes kennen, unvorstellbar ist.

Im Nirvana halten sich auch jene mächtigen Wesen auf, welche ihre eigene menschliche Entwicklung schon in früheren Universen vollendet hatten, als ER sich zu offenbaren begann, um dieses Universum ins Leben zu rufen. Sie sind seine Minister in der Verwaltung der Welten, die vollkommenen Vollstrecker seines Willens. Die Oberherrscher aller Hierarchien der Götter und jener dienenden Wesen niederen Grades, die wir auf den unteren Ebenen wirken sahen, haben hier ihre ständige Wohnstatt, denn Nirvana ist das Herz des Universums, aus dem alle seine Lebensströme hervorquellen. Ihm entströmt auch der Große Atem, der das Leben aller ist, hierher wird er wieder eingezogen, wenn das Universum sein Ziel erreicht hat. Nirvana ist die beseligende Vision, nach der sich die Mystiker sehnen, die unverhüllte Glorie, das höchste Ziel.

Wenn wir diese beiden Betrachtungsweisen ein und derselben Sache nebeneinander stellen, so gelangen wir zu der folgenden Tabelle:

GRUNDTEILE	LEBEN	FORMEN
Atman, Geist	Atman	
Buddhi, spirituelle Seele		Seligkeitskörper
Höheres Manas }	menschliche	Kausalkörper
Niederes Manas }	Seele	Mentalkörper
Kama, tierhafte Seele		Astralkörper
Linga Sharira		ätherischer Doppelkörper
Sthula Sharira		dichter Körper

Alle Teile dieser Körper, die über die Oberfläche des dichtphysischen Körpers hinausragen, werden zusammen als Aura bezeichnet. Diese besteht somit aus den sich überschneidenden Teilen des Ätherkörpers, des Astralkörpers, des Mentalkörpers, des Kausalkörpers und in seltenen Fällen des buddhischen Körpers, durchflutet von den Strahlen Atmans. Diese Aura ist zuweilen trüb, derb und schmutzig braun, zuweilen von eindrucksvoller Größe und prächtig in der Strahlkraft ihres Lichtes und ihrer Farben. Sie entspricht genau der Entwicklungsstufe, die der Mensch erreicht hat, dem Entwicklungsgrad seiner verschiedenen Körper und seines moralischen und mentalen Charakters. Alle seine wechselnden Leidenschaften, Gefühle und Gedanken sind in dieser Aura in Form, Licht und Farbe niedergeschrieben, so dass sie „jeder Vorübergehende lesen kann“, der Augen für eine solche Schrift hat. Der Charakter des Menschen ist ihr ebenso aufgeprägt wie die vorübergehenden Veränderungen; und eine Täuschung, wie sie in jener Maske möglich ist, die wir den physischen Körper nennen, ist hier ausgeschlossen. Das Wachstum der Aura an Größe und Schönheit ist das unverkennbare Zeichen des Fortschritts eines Menschen.

Pranaheilen[1]

Grundlagen

Wir beziehen den größten Teil unserer Lebensenergie aus der Luft, die wir atmen.

Mit jedem unserer Gedanken, mit jedem Willensakt und mit jeder Muskelbewegung verbrauchen wir etwas von dieser Lebenskraft. Es ist deshalb notwendig, den Vorrat ständig zu ergänzen.

Grundlage der Pranaheilung ist die Ganzheitsstruktur des menschlichen Körpers. Der physische Körper des Menschen besteht aus zwei Teilen, dem sichtbaren physischen Leib und einem unsichtbaren Energiekörper, den man auch bioplasmatischen Körper oder Ätherleib nennt. Der Ätherleib ist jener unsichtbare leuchtende Energiekörper, der den sichtbaren physischen Körper durchdringt und darüber hinausreicht.

---

1 Dieses Kapitel wurde mit freundlicher Erlaubnis in Ausschnitten entnommen aus: Master Choa Kok Sui, Grundlagen des Pranaheilens, KOHA Verlag, Burgrain 2007. (Siehe auch Literaturnachweis)

Beide Hände sind gleichermaßen imstande, Prana zu absorbieren und auszustrahlen. Die ausgestrahlte Energie wirkt belebend und kräftigend. Prana, unsere Lebensenergie, ist jene Kraft, die den Körper lebendig und gesund erhält. Es gibt grundsätzlich fünf Hauptquellen für das Prana: Pflanzennahrung, Sonne, Luft, Erde und Meditation.

Prana und Ernährung[2]

Drei Bausteine bilden das Fundament für den energetischen pflanzlichen Ernährungsweg:

Der erste Baustein ist ein umfassendes, ganzheitlich ausgerichtetes Wissen bezüglich der Inhaltsstoffe der einzelnen Pflanzen und Nahrungsmittel, wobei besonderes Augenmerk auf die Bedeutung der pflanzlichen Proteine zu richten ist. Dabei gilt es allerdings zu beachten, die lebendigen Wechselwirkungen zu berücksichtigen, welche die Pflanzen aufeinander ausüben. Es müssen die fördernden Beziehungen genutzt, die schädigenden Einflüsse vermieden werden. Pflanzen, als von der Natur gesetzmäßig hervorgebrachte Lebewesen und Nahrungsmittel, sind aus sich heraus im Gleichgewicht und in Harmonie mit dem LEBEN. Daher sollten sie den Hauptbestandteil unserer Nahrung ausmachen. Sie können sinn-

2 aus: Gertraud Radke, Ernährung im Gleichgewicht. Energetische Küche für Körper, Geist und Seele, München 2007

voll ergänzt werden durch Milchprodukte, wobei zu beachten bleibt, dass Ziegenmilch pluspolig ausgerichtet ist, Schaf- und Kuhmilch dagegen minuspolig.

Der zweite Baustein liegt in der Kunst der Zubereitung. Nur wenn die pflanzlichen Gaben so bearbeitet werden, dass sie ihre volle energetische (feinstoffliche) Kraft entfalten können, bieten sie dem Menschen ihren wahren Nutzen. Die Kochkunst ist daher im tiefsten Sinne eine spirituelle Begabung.

Der dritte Baustein betrifft das Bewusstsein. Wenn der Körper allmählich feinstoffliche Informationen über seine Nahrung empfängt, wird sich auch sein Verlangen umstellen. Alle Süchte, etwa jene nach Energie blockierendem Zucker, werden schrittweise in den Hintergrund treten. Die neue Lebensenergie, die aus einer liebevoll und achtsam zubereiteten Nahrung gewonnen wird, hebt den Menschen aus seiner reinen Körperlichkeit empor zu einer Berührung mit seinem geistigen Wesenskern. Er wird mit der Zeit bemerken, dass die feinstoffliche Essenz der Pflanzen reine LICHTENERGIE ist.

Prana-Quellen

Das Sonnen-Prana ist aus dem Sonnenlicht. Es kräftigt den ganzen Körper und fördert Gesundheit und Wohlbefinden. Sonnen-Prana gewinnt man durch Sonnenbaden oder Trinken von Wasser, das dem Sonnenlicht ausgesetzt war. Ein ausgedehntes Sonnenbad oder zu viel Solar-Prana kann den ganzen physischen Körper schädigen, da es eine sehr intensive Wirkung hat.

Das in der Luft enthaltene Prana bezeichnet man als Luft-Prana oder als Luft-Vitalitätskügelchen. Das Luft-Prana wird beim Atmen von der Lunge absorbiert, es wird aber auch direkt durch die Energiezentren (Chakras) des bioplasmatischen Körpers aufgenommen. Durch tiefes, langsames, rhythmisches Atmen wird eine größere Menge Luft-Prana aufgenommen als durch schnelle, flache Atemzüge. Es gibt Menschen, die auch durch die Poren der Haut Luft-Prana aufnehmen können.

Das im Erdboden enthaltene Prana wird als Erd-Prana oder als Erden-Vitalitätskügelchen bezeichnet. Man nimmt es automatisch und unbewusst durch die Fußsohlen auf. Barfußgehen steigert die Menge des vom Körper absorbierten Erden-

Pranas. Man kann lernen, bewusst mehr Erden-Prana einzuziehen, um die eigene Vitalität und Arbeitsfähigkeit zu steigern und das Denkvermögen zu fördern.

Wasser absorbiert Prana aus dem Sonnenlicht, aus der Luft und aus dem Boden, mit dem es in Berührung kommt. Pflanzen und Bäume nehmen Prana aus dem Sonnenlicht, aus der Luft, aus dem Wasser und aus dem Erdboden auf. Menschen und Tiere erhalten Prana aus dem Sonnenlicht, aus der Luft, aus dem Wasser, aus dem Boden und aus der Nahrung.

Prana kann zum Zweck der Heilung auch auf andere Menschen übertragen werden. Wer einen hohen Prana-Überschuss besitzt, wird den Menschen in seiner Umgebung ein besseres, belebendes oder erfrischendes Gefühl vermitteln. Dagegen ziehen unter Prana-Mangel leidende Menschen unbewusst Prana von den Menschen um sich herum ab. Das ist der Grund für den Eindruck, bestimmte Menschen würden ohne ersichtlichen Grund eine Art Müdigkeit oder Erschöpfung hinterlassen.

Bäume, etwa Nadelbäume, aber auch überhaupt alle alten und gesunden Bäume strömen sehr viel überschüssiges Prana aus. Für kranke oder erschöpfte Menschen ist es eine große Wohltat, unter solchen Bäumen zu liegen oder zu ruhen.

Noch bessere Ergebnisse sind zu erzielen, wenn man die göttlichen Naturwesen des Baumes anspricht und bittet, dem Kranken zu helfen, wieder gesund zu werden. Außerdem kann jeder lernen, über die Handflächen von diesen Bäumen bewusst Prana aufzunehmen, bis der Körper durch die enorme Menge des absorbierten Pranas zu kribbeln anfängt und das Gefühl einer gewissen Betäubung eintritt.

An bestimmten Stellen oder Orten sammelt sich Prana meist in besonderer Konzentration. Diese stark mit Energie geladenen Bereiche begünstigen die Entstehung von Heilzentren.

Bei bestimmten Wetterbedingungen werden manche Menschen krank. Der Grund ist nicht nur die Temperaturveränderung. Es kann an der Verminderung von Sonnen- und Luft-Prana (also einer verringerten Zufuhr von Lebensenergie) liegen. Viele fühlen sich geistig und körperlich schlapp und werden anfällig für Infektionskrankheiten. Man kann dem entgegenwirken, indem man ganz bewusst Prana aus der Luft und aus der Erde aufnimmt. Im Zustand der Hellsichtigkeit ist beobachtet worden, dass tagsüber mehr Prana vorhanden ist als nachts. Etwa gegen drei oder vier Uhr morgens sinkt der Prana-Spiegel auf besonders niedrige Werte.

Selbstheilung und Lebensenergie

Das Prinzip der Selbstheilung und Lebensenergie

Damit Leben möglich ist, muss der Körper mit Prana oder Lebenskraft versorgt werden. Durch gezielte Steigerung der Lebenskraft (des Pranas) in erkrankten Körperteilen oder im ganzen Körper kann der Heilungsprozess beschleunigt werden.

Das Gesetz der Selbstheilung

Der Körper ist im Allgemeinen in der Lage, sich innerhalb eines bestimmten Zeitraums selbst zu heilen.

Das Gesetz der Lebensenergie

Damit Leben überhaupt möglich ist, muss der Körper mit Prana oder Lebensenergie versorgt werden. Durch gezielte Steigerung der Lebensenergie in erkrankten Körperteilen oder im ganzen Körper kann der Heilungsprozess beschleunigt werden.

Pranaheilung beruht auf Naturgesetzen, die den meisten Menschen nicht bekannt sind.

Der bioplasmatische Körper oder Energiekörper

Der Hellseher nimmt den Ätherkörper (Energiekörper), der den physischen Leib umgibt und durchdringt, als leuchtendes Feld wahr. Genau wie der sichtbare Körper, besitzt er einen Kopf, zwei Augen, zwei Arme und so weiter: Er gleicht ihm aufs Haar. Es ist ein lebendiger Energiekörper, der aus feinstofflicher oder ätherischer Materie besteht.

Das unsichtbare leuchtende Energiefeld, das etwa zehn bis zwölf Zentimeter über den sichtbaren physischen Körper hinausragt, wird innere Aura genannt. Erkrankt der bioplasmatische Körper, kann die Ursache dafür zum Teil in einem allgemeinen oder lokalen Prana-Mangel im Ätherkörper zu suchen sein.

So zeigt sich z.B. bei Menschen, die unter Kurzsichtigkeit leiden, der Prana-Mangel im Augenbereich. Die innere Aura um die Augen kann sogar noch weniger als fünf Zentimeter messen. Je schwerer die Erkrankung, umso kleiner ist an der betroffenen Stelle die innere Aura.

Sowohl bei einem Prana-Mangel als auch bei einer Prana-

Stauung sind die feinen Meridiane oder Kanäle dieses Bereiches teilweise oder stark blockiert.

Das bedeutet, dass das Prana nicht mehr frei ein- und ausströmen kann. Von der Oberfläche des physischen Körpers gehen senkrecht Bioplasmastrahlen aus. Diese Strahlen werden Gesundheitsstrahlen genannt. Sie durchdringen die innere Aura. Die Gesamtheit bezeichnet man als Gesundheitsaura und sie wirkt als ein schützendes Kraftfeld, das den Körper gegen Krankheitserreger und kranke bioplasmatische Materie aus der Umgebung abschirmt.

Gifte, Abfallprodukte, Krankheitserreger usw. werden von den Gesundheitsstrahlen vorwiegend durch die Poren ausgeschieden. Ist ein Mensch geschwächt, hängen die Gesundheitsstrahlen schlaff herab und sind teilweise ineinander verschlungen. Der ganze Körper ist jetzt für Infektionen anfällig.

Die Kräftigung und Wiederaufrichtung der Gesundheitsstrahlen fördert den Prozess der Genesung.

Jenseits der Gesundheitsaura liegt ein weiteres leuchtendes Energiefeld, das man als äußere Aura bezeichnet. Äußere Aura, innere Aura und Gesundheitsaura durchdringen einander. Die äußere Aura erstreckt sich gewöhnlich etwa einen

Meter über den sichtbaren physischen Leib hinaus. Sie ist im Allgemeinen vielfarbig und hat die Form eines auf der Spitze stehenden Eies. Ihre Färbung wird vom physischen, emotionalen und mentalen Zustand des Menschen beeinflusst. Hellsichtige beobachten, dass sich in der äußeren Aura Kranker manchmal undichte Stellen befinden, durch die Prana ausfließt. Man kann deshalb die äußere Aura als ein Kraftfeld ansehen, das die Pranakraft umschließt und deren Ausfließen verhindert. In gewissem Sinn wirkt die äußere Aura wie ein Behälter oder eine Flasche, in der sich feinstoffliche Energien befinden.

Der Ätherkörper und der sichtbare Körper sind so eng miteinander verbunden, dass alles, was den einen beeinträchtigt, auch auf den anderen einwirkt und umgekehrt.

Wenn der bioplasmatische Halsbereich geschwächt ist, wird sich das im sichtbaren physischen Körper als Husten, Halsentzündung, Halsbeschwerden usw. zeigen.

Welche Funktionen hat der Energiekörper?

Er absorbiert Prana, verteilt es und energetisiert damit den gesamten physischen Körper. Prana ist jene lebensnotwendige Energie oder Lebenskraft, die den Körper und seine Organe unterhält und funktionieren lässt. Ohne Prana würde der Körper absterben.

Durch die Energiezentren (Chakras) steuert der Energiekörper das richtige Funktionieren des gesamten physischen Körpers.

Der Energiekörper dient durch seine Gesundheitsstrahlen als Schutzschild gegen Krankheitskeime.

Gifte, Abfallstoffe usw. werden infolge der Wirkung der Gesundheitsstrahlen vorwiegend durch die Poren ausgeschieden. Dadurch wird der ganze physische Körper gereinigt.

Erscheinen der Krankheit im Ätherkörper

Nach Beobachtung Hellsichtiger ist eine Krankheit im Ätherkörper zu erkennen, bevor sie sich im sichtbaren physischen Körper manifestiert. Das Ertasten der Aura bezeichnet man als *Scanning*.

Eine Krankheit sollte behandelt werden, bevor sie sich im sichtbaren physischen Leib manifestiert. Das Wichtigste ist die Vorbeugung!

Die Energiezentren

Die Chakras oder wirbelnden Energiezentren sind wichtige Bestandteile des Ätherkörpers. Die Haupt-Chakras sind Energiezentren von etwa sieben bis zehn Zentimeter Durchmesser, die sich unaufhörlich drehen. Sie kontrollieren die lebenswichtigen Organe. Wenn diese Kraftwerke nicht richtig funktionieren, werden die lebenswichtigen Organe krank, denn sie werden nicht mehr mit genügend Energie versorgt. Die Chakras durchdringen den sichtbaren physischen Körper und dehnen sich über ihn aus. (Siehe Kap. „Chakras“)

Funktionen: Sie nehmen Prana auf, verarbeiten es und leiten es an die verschiedenen Teile des Körpers weiter. Die Chakras kontrollieren den gesamten physischen Körper.

Einige Hand-Chakras gehören zu den Energiezentren, die am besten und sichersten zu aktivieren sind.

Durch Aktivierung der Hand-Chakras entwickelt man die Fähigkeit, feinstoffliche Kräfte zu fühlen und die äußere, die innere und die Gesundheitsaura zu ertasten. Man erreicht das dadurch, dass man sich regelmäßig auf diese Chakras konzentriert. Dieser Vorgang wird als Sensibilisierung der Hände bezeichnet.

Emotionen und der Ätherkörper

Unkontrollierte Emotionen, Hemmungen und unterdrückte Gefühle wie Zorn oder Wut, tiefe Besorgnis, langanhaltende Verärgerung und Enttäuschungen haben Auswirkungen auf den Ätherkörper.

Zorn führt zu einem Prana-Mangel um den Solarplexus und im Bauchbereich, kann sich aber auch als Prana-Stauung um den Solarplexus und im Herzbereich manifestieren.

Durch bewusste Ernährung und tägliche innere Meditation wird der Mensch allmählich ein größeres Maß der Selbstwahrnehmung und eine höhere emotionale Reife entwickeln. Das fördert in ihm die Fähigkeit, seine Emotionen zu kontrollieren und in die richtigen Bahnen zu lenken. Auf diese Weise kann er seinen Gesundheitszustand ganz beträchtlich verbessern.

Der Geist bestimmt zu einem gewissen Grad die Form des Ätherkörpers. Hellsichtige haben beobachtet, dass der sichtbare physische Körper seine Gestalt dem bioplasmatischen Körper anpasst. Der Geist kann bewusst oder unbewusst die Form des Ätherkörpers beeinflussen.

Der Gedanke, dass der Geist den bioplasmatischen Körper beeinflussen und sogar bis zu einem gewissen Grad formen kann, ist nicht neu. Es gibt bereits in der Bibel eine Geschichte über dieses Thema. Es heißt in der Bibel (Genesis 30, 37-39): „Nun holte sich Jakob frische Ruten von Silberpappeln, Mandelbäumen und Platanen, schälte weiße Streifen heraus und legte so das Weiße an den Ruten bloß. Die geschälten Ruten legte er in die Tröge, in die Wasserrinnen, zu denen die Tiere zur Tränke kamen. Hatten sich die Tiere vor den Ruten begattet, so warfen sie gestreifte, gesprenkelte und scheckige Junge." Auf diese Weise wurde Jakob ein reicher Mann. Über die schwarzen Lämmer wird weiter nichts berichtet.

An dieser Geschichte wird deutlich, dass alles, was wir sehen, fühlen und denken, unseren bioplasmatischen Körper beeinflussen kann. Dies gilt besonders für den des ungeborenen Kindes.

Hand- und Finger-Chakras

In der Mitte der beiden Handflächen liegen zwei sehr wichtige Chakras. Wir bezeichnen sie als das Chakra der linken und das der rechten Hand. Sie haben gewöhnlich einen Durchmesser von etwa zweieinhalb Zentimetern. Obwohl die Hand-Chakras zu den kleineren oder Neben-Chakras gehören, haben sie bei der Pranaheilung eine sehr wichtige Funktion. Durch sie wird Prana aus der Umgebung aufgenommen und übertragen. Sowohl das Chakra der rechten als auch das der linken Hand ist imstande, Prana zu absorbieren und zu übermitteln. Für einen Rechtshänder ist es im Allgemeinen leichter, durch das Chakra der linken Hand Prana aufzunehmen und durch das Chakra der rechten Hand Prana auszusenden. Beim Linkshänder ist es genau umgekehrt.

An jedem einzelnen Finger befindet sich ein Mini-Chakra. Auch diese kleinen Chakras können Prana aufnehmen und abgeben. Die Hand-Chakras strahlen ein wenig konzentriertes, milderes Prana aus, während die Finger-Chakras intensiveres, konzentriertes Prana übertragen.

Mit der Stimulierung oder Aktivierung der Hand-Chakras gewinnen die Hände an Sensitivität. Sie entwickeln die Fähigkeit, feinstoffliche Materie zu spüren und die verschiedenen Auren zu ertasten.

Sensibilisierung der Hände

Da es sehr viel Zeit erfordert, bis man in der Lage ist, die Aura zu sehen, sollte zumindest versucht werden, die Hände für das ätherische Energiefeld zu sensibilisieren. So können

Sie feststellen, in welchem Bereich des Energiekörpers Prana entweicht oder wo eine Prana-Stauung besteht.

Übung zur Sensibilisierung der Hände

Halten Sie Ihre Hände im Abstand von etwa sieben bis acht Zentimetern gegeneinander. Verkrampfen Sie sich nicht, bleiben Sie ganz entspannt.

Konzentrieren Sie sich fünf bis zehn Minuten lang darauf, die Mitte Ihrer Handflächen zu fühlen, aber bleiben Sie sich gleichzeitig Ihrer ganzen Hände bewusst. Atmen Sie während dieser Zeit langsam und rhythmisch ein und aus. Die Konzentrationsfähigkeit erhöht sich, wenn Sie die Daumen der jeweils anderen Hand fest in die Mitte der Handflächen drücken, bevor Sie mit der Übung beginnen. Durch die Konzentration auf die Mitte der Handflächen werden die Hand-Chakras aktiviert. Dadurch wiederum werden die Hände sensibilisiert und in die Lage versetzt, feinstoffliche Energie oder Materie zu fühlen.

Achtzig bis neunzig Prozent der diese Übung Praktizierenden werden schon beim ersten Versuch ein Prickeln oder Kribbeln, Wärme, Druck oder ein rhythmisches Pulsieren zwischen den Handflächen empfinden. Es ist wichtig, diesen Druck oder das rhythmische Pulsieren tatsächlich zu spüren.

Üben Sie die Sensibilisierung der Hände mindestens zwei Wochen lang immer wieder. Setzen Sie die Übungen fort, bis es vielleicht nach der dritten oder vierten Sitzung gelingt.

Es ist sehr wichtig, geistig offen zu bleiben und sich richtig zu konzentrieren. Haben Sie eine Sensibilisierung der Hände erreicht, gehen Sie zum *Scanning* über.

Das Scanning

Für das Scanning ist es hilfreich, wenn man zuerst lernt, den Umfang der äußeren und der Gesundheitsaura zu testen, bevor man sich mit der inneren Aura beschäftigt. Dadurch werden die Hände sensibler, denn sowohl die äußere Aura als auch die Gesundheitsaura ist von feinerer Beschaffenheit als die innere Aura. Ein Grund dafür besteht darin, dass man sich auf diese Weise selbst die Existenz der äußeren Aura beweisen kann.

Bei der Pranaheilung kommt es vor allem auf das Scanning der inneren Aura an, die ja die gestörten oder defekten Stellen signalisiert.

Beim Scanning konzentrieren Sie sich auf die Mitte der Handflächen, damit die Hand-Chakras aktiviert bleiben oder weiter aktiviert werden. Das fördert die Sensibilität der Hände gegenüber feinstofflicher Energie und Materie.

Es ist sehr wichtig, dass sie allmählich lernen, die Aura als eine gewisse Spannung oder als Druck wahrzunehmen, damit Sie den Umfang genauer bestimmen können.

Die äußere Aura hat gewöhnlich einen Radius von etwa einem Meter, in manchen Fällen beträgt der Durchmesser aber auch mehr als zwei Meter. Überaktive Kinder besitzen manchmal eine äußere Aura von mehr als drei Metern.

Die Gesundheitsaura ist gewöhnlich etwa sechzig Zentimeter breit. Ist der Mensch krank, hängen die Gesundheitsstrahlen schlaff herab und verschlingen sich ineinander. Dadurch wird die Gesundheitsaura kleiner. Ihre Größe kann manchmal auf weniger als dreißig Zentimeter schrumpfen. Die Gesundheitsaura eines besonders gesunden und energiegeladenen Menschen kann einen Umfang von bis zu über einem Meter haben. Sie ist wie ein sich verjüngender Zylinder geformt, oben breiter und am Fuß schmaler.

Das Sweeping

Das Sweeping ist eine wischende Bewegung mit der Hand, eine Art Hinwegstreichen. Das Sweeping wird im Allgemeinen zur Reinigung angewandt. Es kann aber auch zur Energetisierung und zur Verteilung überschüssigen Pranas gebraucht werden. Streicht man über den ganzen Ätherkörper, bezeichnet man den Vorgang als allgemeines Sweeping. Die Reinigung einzelner Teile des Körpers nennt man örtliches oder lokales Sweeping.

Beim Sweeping werden die Hände benutzt. Es gibt dabei zwei Handstellungen. Bei der einen Position werden die Hände zur Schale geformt, bei der zweiten Position werden die Finger gespreizt. Man gebraucht abwechselnd beide Handstellungen. Die schalenförmig ineinandergelegten Hände sind besser zur Entfernung der kranken Äthermaterie geeignet, die auseinandergespreizten Finger sind wirksamer bei Glätten und Entwirren der Gesundheitsstrahlen.

Die Wirkung des Sweeping

Es entfernt gestaute und kranke bioplasmatische Materie. Blockierte Kanäle werden gereinigt und durchgängig gemacht. Dadurch kann Prana aus anderen Bereichen zu dem betroffenen Körperteil fließen und den Heilungsprozess fördern.

Durch die Kräftigung der Gesundheitsstrahlen wird die Ausscheidung von Giften, Abfallprodukten, Krankheitskeimen und verschmutzter Bioplasma-Materie bedeutend erleichtert.

Eine weitere Kräftigung der Gesundheitsstrahlen erfolgt durch die Energetisierung des ganzen Körpers mit Prana.

Sie wirkt wie ein Schutzschild und fördert die Widerstandsfähigkeit gegen Infektionen.

Das allgemeine Sweeping

Beim allgemeinen Sweeping werden fast ausschließlich streichende Abwärtsbewegungen ausgeführt – man streicht, beim Kopf beginnend, zu den Füßen hin.

Der bioplasmatische Müllschlucker

Die verschmutzte bioplasmatische Materie muss richtig „entsorgt“ werden, wenn man einen Raum bioplasmatisch sauberhalten will und vermeiden möchte, sich selbst und andere Patienten zu infizieren... Um einen „Müllschlucker“ zur Beseitigung bioplasmatischen Abfalls herzustellen, nehmen Sie einfach einen Eimer mit Wasser und geben etwas Salz hinzu. Wasser ist imstande, die schmutzige bioplasmatische Materie zu absorbieren, und Salz vernichtet sie. Nach dem Sweeping sollten Sie stets die Hände in Richtung dieses Eimers ausschütteln und zum Schluss die Hände gründlich mit Wasser und Seife oder Wasser und Salz waschen.

Der Mensch lebt nur so lange, wie in seinem Körper Lebensenergie ist. Fehlt ihm diese Lebensenergie, dann stirbt er. Deshalb sollten wir Pranayama betreiben (die Kunst, Lebensenergie oder Prana durch die Atmung zu steuern).

HATHA YOGA PRADIPIKA

Die Prana-Atmung

Tiefes rhythmisches Atmen nennt man im Yoga Prana-Atmung. Prana-Atmung wird in vier Teile unterteilt:

1. Einatmen
2. Atem anhalten mit gefülltem Atem
3. Ausatmen
4. Atem anhalten mit leerem Atem

Das Geheimnis liegt im Anhalten des leeren Atems

Durch die Experimente und die Beobachtungen der Hellsichtigen ließ sich feststellen, dass nach dem Anhalten des leeren Atems ungeheure Mengen von Prana-Energie beim Einatmen in den Körper eingesaugt werden. Diese wundervolle Wiederentdeckung ist von größter Wichtigkeit.

Die einfache Prana-Atmung gegen Stress und Müdigkeit

Stress und Müdigkeit sind weit verbreitete Probleme im Leben der Menschen von heute.

Würden die meisten Menschen einfach ihren Atem nach dem Ausatmen ein paar Sekunden anhalten, so könnte sich ihr Körper mit ungeheuren Mengen an Prana-Energie füllen. Die Menschen könnten arbeiten und sich trotzdem voller Energie fühlen.

Sensibilisierung der Hände durch Prana-Atmung

Die Hände sollten mehr oder weniger dauerhaft sensibilisiert sein. Dennoch wird es Momente geben, dass die Hände nicht imstande sind, etwas zu fühlen. Das kann behoben werden, indem Sie sich gleichzeitig auf die Mitte der Handflächen und auf die Fingerspitzen konzentrieren, während Sie die Prana-Atmung einschalten.

Aufnahme von Prana aus Boden, Luft und Bäumen

In jedem Fuß sitzt ein kleines Chakra, das als Fußsohlen-Chakra bezeichnet wird. Durch Konzentration auf die Sohlen-Chakras werden diese bis zu einem gewissen Grad aktiviert. Die gleichzeitige bewusste Atmung erleichtert die Aufnahme von energetisierendem Boden-Prana, das für die Heilung des Körpers (z.B. von Knochenbrüchen) wirksam ist.

Eine Übung zur Aufnahme von Boden-Prana:

Ziehen Sie die Schuhe aus. (Leder- und Gummischuhe hemmen die Aufnahme von Prana um etwa dreißig bis fünfzig Prozent.)

Drücken Sie die Daumen in die hohle Wölbung der Füße. Das erleichtert die Konzentration. Konzentrieren Sie sich auf die Fußsohlen und führen Sie gleichzeitig die Tiefenatmung aus.

Die gleiche Methode können Sie auch anwenden, um zur eigenen Energetisierung Luft- oder Baum-Prana durch die Hand-Chakras aufzunehmen. Wenn Sie Luft-Prana durch die Hände absorbieren wollen, konzentrieren Sie sich einfach auf die Hand-Chakras und führen dabei gleichzeitig Prana-

Atmung aus. Wollen Sie Baum-Prana durch die Hand-Chakras aufnehmen, so suchen Sie sich einen großen gesunden Baum und holen Sie geistig oder indem Sie ihn ansprechen die Zustimmung des Baumes ein, sein überschüssiges Prana abziehen zu dürfen. Halten Sie die Hände nahe an den Stamm. Konzentrieren Sie sich gleichzeitig auf die inneren Handflächen und führen Sie gleichzeitig die Prana-Atmung aus, und danken Sie dem Baum für das Prana. Einige werden ein Kribbeln im Körper spüren. Es ist ratsam, nach der Energetisierung das Prana durch den ganzen Körper zirkulieren zu lassen. Visualisieren Sie, dass Sie von Licht oder Prana erfüllt sind.

Unmittelbar über dem Erdboden ist die Prana-Konzentration größer als in der Luft. Die Dichte des Pranas unmittelbar über der Erde liegt etwa vier- bis fünfmal höher als die des Luft-Pranas.

Legen Sie sich auf den Boden, um Boden-Prana aufzunehmen. Als Unterlage wird eine Baumwolldecke oder eine Matte aus natürlichem Material benutzt. Vermeiden Sie aber Unterlagen aus Gummi, Leder, Schaumgummi oder Kunststoff. Diese Materialien wirken isolierend und verhindern, dass das Erden-Prana frei und ungehindert in den Körper einströmen kann.

Führen Sie einige Male das allgemeine Sweeping durch. In

Ruhe nehmen Sie allmählich das Boden-Prana in den bioplasmatischen Körper auf. Energie besitzt die Neigung, aus dem Bereich größerer Intensität oder Konzentration in Richtung geringerer Intensität zu fließen. Nach der Reinigung setzt daher automatisch ein Zustrom von Erden-Prana ein.

Zehn bis fünfzehn Minuten im Meer zu schwimmen, reinigt den bioplasmatischen Körper. Danach sollte man sich im Sand eingraben, um nach und nach genügend Boden-Prana aufzunehmen.

Chakras sind Tore

Chakras sind Tore, durch welche die Energie ein- und ausströmen kann. Die Hände haben Hand- und Finger-Chakras. Die Füße haben Fuß- und Zehen-Chakras. Die Hand- und Fuß-Chakras sind wichtige Tore, durch welche die Energie einströmen und ausströmen kann.

Das Aufnehmen von Luft-, Baum- und Erd-Prana

Es war naheliegend, die Vorstellung von Chakras als Tore mit der Prana-Atmungs-Technik zu kombinieren. Dadurch entstanden die sehr einfachen Techniken zur Aufnahme von Luft-, Baum- und Erd-Prana.

Die Technik zur Aufnahme von Luft-Prana

1. Der Ort sollte sauber sein
2. Verbinden Sie die Zunge mit dem Gaumen
3. Erheben Sie Ihre Hände
4. Richten Sie Ihre Aufmerksamkeit gleichzeitig auf die Handinnenflächen und den gesamten Körper
5. Machen Sie gleichzeitig Prana-Atmung

Die Technik zur Aufnahme von Baum-Prana

1. Der Ort sollte sauber sein
2. Verbinden Sie die Zunge mit dem Gaumen
3. Legen Sie Ihre Hände an den gesunden Baumstamm
4. Seien Sie sich Ihrer Handflächen und Ihres ganzen Körpers gleichzeitig bewusst
5. Machen Sie gleichzeitig Prana-Atmung

Bitte wechseln Sie die Bäume regelmäßig, um sie nicht zu schwächen.

Die Technik zur Aufnahme von Erd-Prana

1. Der Ort sollte sauber sein
2. Verbinden Sie die Zunge mit dem Gaumen
3. Ziehen Sie Schuhe und Socken aus

4. Konzentrieren Sie sich auf Ihre Fußsohlen und den ganzen Körper gleichzeitig
5. Machen Sie gleichzeitig Prana-Atmung

Es ist sehr wichtig, dass diese Technik in einer sauberen Umgebung auf einem sauberen Platz ausgeführt werden muss. Wendet man sie an einem schmutzigen Ort an, kann man sehr krank werden, da schmutzige Energie tief in das Energiesystem eindringt.

Die Rotation der Chakras

Ein Chakra dreht sich sehr rasch, und zwar abwechselnd nach rechts und nach links. Die Bewegung im Uhrzeigersinn zieht Prana-Energie in das Chakra hinein, während bei der gegenläufigen Bewegung Prana ausgestrahlt oder Prana-Energie aus dem Chakra herausgezogen wird. Die Drehung des Chakras im Uhrzeigersinn hat eine absorbierende Wirkung, während die Bewegung des Chakras entgegen dem Uhrzeigersinn eine ausstrahlende oder austreibende Wirkung hat.

Unter normalen Bedingungen erfolgen Aufnahme und Ausstrahlung der Prana-Energie durch das Chakra in raschem Wechsel. Die Menge des absorbierten und ausgestrahlten Pranas bleibt in etwa gleich.

Die Chakra-Atemtechnik

Wenden Sie Prana-Atmung an. Atmen Sie langsam ein und konzentrieren Sie sich auf das betroffene Chakra. Signalisieren Sie, dass das Chakra frisches Prana einzieht oder einatmet. Halten Sie den Atem einige Sekunden an und visualisieren Sie, dass das Prana vom Körper assimiliert wird. Atmen Sie langsam aus und visualisieren Sie, dass das Chakra die schmutzige Materie ausstößt oder ausatmet. Halten Sie den Atem einige Sekunden an und visualisieren Sie, dass das Chakra heller leuchtet und gesünder wird. Wiederholen Sie den gesamten Vorgang viermal.

Meditation über das weiße Licht

Die Technik wird seit langem von esoterischen Schulen des Ostens und des Westens angewandt.

Führen Sie die Prana-Atmung aus und visualisieren Sie gleichzeitig eine Kugel aus intensiv strahlendem Licht über Ihrem Scheitel.

Visualisieren Sie, dass sich aus dieser Kugel ein Lichtstrom über den Scheitel und von dort nach und nach bis zu den Füßen ergießt. Visualisieren Sie, dass dieses Licht alle großen Chakras, alle wichtigen Organe, die Wirbelsäule und die Knochen Ihres Körpers reinigt und energetisiert.

Visualisieren Sie, dass das weiße Licht an Ihren Füßen wieder austritt und damit alle kranke Materie ausgeschwemmt wird. Wiederholen Sie den ganzen Vorgang dreimal.

Die Meditation über das weiße Licht kann täglich angewandt werden. Man fördert und erhält damit die eigene Gesundheit und kann sie sich auch zunutze machen, wenn man mit Aktivitäten beschäftigt ist, die sehr viel Prana verbrauchen.

Es gibt zahlreiche Techniken dieser Meditation. Die hier beschriebene Methode hat den Vorteil, dass sie leicht durchzuführen ist.

Es ist ratsam, die Meditation über das weiße Licht zu erlernen und jeden Tag auszuführen. Der bioplasmatische Köper wird sauberer, leuchtender und dicht.

Körperübungen

Körperübungen spielen bei der Selbstheilung und bei der Erhaltung der eigenen Gesundheit eine wichtige Rolle.

Körperliche Aktivitäten in Form von Übungen zum Aufwärmen, Tanz, verschiedene Sportarten, Hatha-Yoga usw. fördern die Prana-Zirkulation im Körper und erleichtern die Absorption von frischem Prana und die Ausscheidung des verbrauchten Pranas. Im Zustand der Hellsichtigkeit ist zu erkennen, dass während der Übung frisches weißes Prana aufgenommen und krankes Prana von grauer Färbung ausgeschieden wird.

Eine gute Übung muss aus einer kurzen Folge von Bewegungen bestehen, die alle Haupt-Chakras und alle kleinen Chakras an den Armen und Beinen reinigen und energetisieren.

Die Stärken der körperlichen und geistigen Kräfte

Körperliche Kräftigung

Wenn Sie sich körperlich erschöpft fühlen, müssen Sie zwei Chakras reinigen und energetisieren: Das Solarplexus-Chakra und das Nabel-Chakra.

Wenden Sie örtliches Sweeping am Solarplexus-Chakra an.

Geistige Kräftigung

Wenn Sie geistig erschöpft sind und noch viel Arbeit vor sich haben, können Sie Folgendes tun:

Wenden Sie örtliches Sweeping jeweils am Stirn-Chakra, Kronen-Chakra und an den Seiten des Kopfes an.

Erholung unter einem Baum

Für diese Übung empfiehlt es sich, sich entweder an einen Baum anzulehnen oder den Baum zu „umarmen“. Die Aufnahme von Prana aus der Erde erfolgt natürlich am einfachsten, indem Sie flach auf den Boden ruhen, mit dem Rücken zur Erde. Im Sommer besteht zudem die Möglichkeit, sich nackt auf den Boden zu legen oder in einen warmen Sandstrand „einzugraben“.

„Solange eine böse Tat nicht karmisch gereift ist, glaubt der Narr, sie sei süß wie Honig. Wenn aber seine böse Tat karmische Früchte trägt, verfällt er unsagbarem Elend.“

(WEISHEIT BUDDHAS)

Intuitive Intelligenz[3]

Um die Entwicklung der Pranaheilung zu verstehen, ist es notwendig, zwei Begriffe zu erläutern:

1. Intuitive Intelligenz
2. Innere Übermittlung

Ohne einen gewissen Grad an intuitiver Intelligenz ist die Genauigkeit der inneren Übermittlung zweifelhaft.

Was bedeutet intuitive Intelligenz?

Wie unterscheidet sie sich von mentaler Intelligenz? Mentale Intelligenz bedeutet Wissen durch Studium und Experimentieren.

3 Aus: Master Choa Kok Sui, Die Entstehung der Pranaheilung und des Arhatic Yoga, Innere Studien VerlagsAG, München 2007

Intuitive Intelligenz ist das Wissen durch innere Wahrnehmung oder spontanes Wissen. Es erfordert kein Studium. Der Schüler weiß etwas einfach so. Normalerweise werden keine inneren Bilder oder Visionen benötigt. Es wird auch als Bewusstwerden der Wahrheit bezeichnet.

Mit mentaler Intelligenz allein kommt man nur sehr langsam voran. Der mentale Entstehungsprozess ist langwierig und umständlich. Es muss sehr viel Stoff verarbeitet werden, vieles ist verschwommen und ungenau. Intuitive Intelligenz ist viel schneller. Sie führt direkt zur Essenz und zum Kern der Sache.

Es reicht jedoch nicht aus, ausschließlich mit Hilfe intuitiver Intelligenz zu arbeiten. Das Konzept und die Ideen, die innerlich durch intuitive Intelligenz entstanden sind, müssen mittels mentaler Intelligenz und realer Experimente analysiert, überprüft und bestätigt werden.

Zum gründlichen Erlernen der Pranaheilung empfehlen wir die Lektüre der Bücher von Master Choa Kok Sui, insbesondere die „Grundlagen des Pranaheilens". Zum Zwecke der überwiegenden Selbstanwendung empfiehlt sich auch das Buch: „Prana-Selbstheilung/Praxisbuch von Stephen Co und Eric Robins (Heyne-Verlag, ISBN 978-3-453-70024-6).

Weitere Informationen zur Pranaheilung nach Master Choa Kok Sui, Kontaktadressen, Ausbildungsangebote etc. erhalten Sie bei:

Prana Germany e.V.
Sollner Str. 71, 81479 München
Tel. 089-795 290, Fax 089-74 949 629
info@prana-heilung.de
www.prana-heilung.de

Die Chakras

Die Chakras sind gleichsam die „Kraft-Zentren" in den feinstofflichen Körpern des Menschen. Hellseher erblicken diese „Energiewirbel" wie sich drehende Farbräder, weshalb das Sanskrit-Wort „Chakra" in seiner wörtlichen Übersetzung „Rad" oder „Drehscheibe" bedeutet. Die Bedeutung der Chakras für das körperliche wie auch für das geistig-seelische Wohlbefinden des Menschen kann gar nicht hoch genug veranschlagt werden. Sie regulieren das Drüsensystem genauso wie sie Begabungen und das seelische Befinden bestimmen.

Aufgrund vieler gut und glaubwürdig dokumentierter Fallbeispiele haben hellsichtige Menschen immer wieder beschrieben, dass den jeweiligen Chakras – in den jeweiligen feinstofflichen Körpern – bestimmte Farbstrukturen zugeordnet werden können. Die nachstehende Charakteristik der Farben orientiert sich an den Forschungsergebnissen von Charles W. Leadbeater in seinem Meisterwerk „Gedankenformen".

Schwarz bedeutet Hass oder Bosheit. Rot, in allen Schattierungen, vom blassen Ziegelrot bis zum glänzenden Scharlach, bedeutet Ärger. Der rohe Ausbruch des Ärgers zeigt sich wie Strahlen von düsterem Rot aus dunkelbraunen Wolken, während der Zorn aus edler Entrüstung ein lebhaftes, durchaus nicht unschönes Scharlachrot ist, obgleich es eine sehr unangenehme Empfindung auslöst. Ein besonders dunkles und unangenehmes Rot, fast die Farbe, die man „Drachenblut" nennt, zeigt tierische Leidenschaft und sinnliches Verlangen verschiedener Art an, Hellbraun bedeutet Habsucht. Ein hartes, trübes Braungrau ist ein Zeichen von Selbstsucht – eine Farbe, die leider sehr verbreitet ist. Ein dunkles, trübes Grau bedeutet Niedergedrückheit, während ein fahles, bleiches Grau mit Furcht verbunden ist. Graugrün bedeutet Täuschung, während Braungrün (gewöhnlich mit scharlachroten Punkten und Strahlen durchzogen) ein Zeichen von Eifersucht ist. Grün scheint immer Anpassungsfähigkeit anzuzeigen; in einer seiner niedrigsten Äußerungen, wenn es mit Selbstsucht gemischt ist, wird diese Anpassungsfähigkeit zum Betrug. In einem höheren Stadium, wenn die Farbe reiner wird, bedeutet sie den Wunsch, allen Menschen alles sein zu wollen, selbst nur, um populär zu werden und einen guten Ruf zu haben. Wenn sie noch feiner, zarter und glänzender ist, dann zeigt sie die göttliche Macht der Sympathie an. Liebe offenbart alle Schattierungen von Purpurrot und Rosa; ein helles Karminrot bedeutet eine starke, gesunde Liebe von normaler Beschaffenheit; ist es mit Braungrau vermischt, so zeigt es ein selbst- und habsüchtiges Gefühl an, während reines Blassrosa jene durchaus selbstlose Liebe bedeutet, die nur edlen Naturen eigen ist. Dieser Ton bewegt sich vom trüben Karminrot der tierischen Liebe bis zu den allerzartesten Schattierungen von Hellrosa, wie die frühen Strahlen des Morgenrotes, wenn die Liebe allmählich rein von allen selbstsüchtigen Motiven wird und sich in immer weitere Kreise von großmütiger, überpersönlicher Zartheit und Mitleid allen Notleidenden gegenüber ergießt. Mit einem Schein vom Blau der Hingabe gemischt, kann dieses eine starke Verwirklichung der allgemeinen Menschenliebe ausdrücken. Tiefes Orange zeigt Stolz oder Ehrgeiz an, und die verschiedenen Schattierungen von Gelb bedeuten Verstand oder Freude an intellektuellen Dingen. Trübes Okergelb deutet an, dass diese Fähigkeiten zu selbstsüchtigen Zwecken benutzt werden. Helles Gummigutt weist auf einen entschieden höheren Denk-Typus hin, während helles Zitronengelb (oder das helle Gelb der Schlüsselblume) ein Zeichen des höchsten und selbstlosesten Gebrauches von intellektueller Kraft ist, da sich die reine Vernunft auf die höchsten geistigen Ziele richtet. Die verschiedenen Schattierungen von Blau sind der Gradmesser für die Religiosität; man findet alle Abstufungen, vom dunklen Braunblau der selbstsüchtigen Frömmigkeit oder dem blassen Graublau der mit Furcht gemischten Bilderverehrung bis zu der reichen, tiefklaren Farbe der ehrfurchtsvollen Anbetung und dem schönen Himmelblau jener höchsten Form, die hingebende Selbstentsagung und Vereinigung mit dem allgegenwärtigen Absoluten Geist in sich schließt. Der fromme Gedanke eines reinen Herzens ist so lieblich in der Farbe wie das tiefe Blau eines Sommerhimmels. Durch diese blauen Wolken scheinen oft goldene Sterne von großem Glanz hindurch, die wie ein Funkenschauer nach oben sprühen. Eine Mischung von Liebe und Ergebung gibt sich durch eine violette Färbung kund, und ihre zarteren Schattierungen zeigen ohne Ausnahme die Fähigkeit an, ein hohes und schönes Ideal in sich aufnehmen und darauf hinsteuern zu können. Der Glanz und die Tiefe der Farben sind gewöhnlich ein Maßstab für die Inbrunst und die Wirksamkeit des Gefühls. Ein wichtiger Umstand, der nicht vergessen werden darf, ist die Art der Materie, aus der diese Formen gebildet werden. Ist ein Gedanke rein verstandesmäßig (z.B. wenn der Denker versucht, eine algebraische oder geometrische Aufgaben zu lösen), so sind die Gedankenformen und der Schwingungs-Rhythmus gänzlich auf den Mentalplan beschränkt. Ein Gedanke geistiger Natur dagegen, wenn er mit Liebe und innerer Klarheit oder mit tiefem, selbstlosem Empfinden vermischt ist, wird vom Mentalplan aufsteigen und viel von dem Glanz und der Pracht des buddhischen Planes aufnehmen. In diesem Fall ist sein Einfluss ganz besonders mächtig, und jeder derartige Gedanke ist eine große Kraft im Guten, der auf alle Mentalkörper, die in ihren Bereich kommen, eine nachhaltige

Wirkung ausübt, wenn sie überhaupt irgendwie die Fähigkeit besitzen, darauf zu reagieren. Gedanken, die etwas selbstsüchtiger oder persönlicher Natur sind, wenden sich ihrer Neigung gemäß abwärts und bekleiden sich außer ihrer mentalen Hülle noch mit einem Körper aus astralem Stoff. Eine solche Gedankenform ist fähig, sowohl auf die Astralkörper anderer Menschen als auch auf ihre Gemüter einzuwirken, so dass sie nicht nur Gedanken in ihnen erwecken, sondern auch ihre Gefühle und Antriebskräfte anzuregen vermögen.

Das Wurzel-Chakra

Das erste Chakra befindet sich an der Basis (der Wurzel) der Wirbelsäule. Es ist das Zentrum, in dem die physische Lebenskraft des Menschen verankert ist und aus dem auch die schöpferische Lebensenergie, in der östlichen Weisheitstradition Kundalini genannt, ihren Aufstieg nimmt. Das Wurzel-Chakra verankert den Menschen auf der Erde. Es steht daher auch mit dem Knochengerüst und mit den Beinen in Verbindung. Die Grundfarbe des Wurzel-Chakras ist das Rot.

Für die geistige Entwicklung des Menschen ist es von großer Bedeutung, dass er seine menschliche Persönlichkeit allmählich spirituell transformiert. Dabei kommt es nicht darauf an, gleichsam ein „abgehobenes“ Leben zu führen und sich aus der materiellen Welt zu verabschieden, sondern es geht darum, die „Füße auf dem Boden, aber den Kopf im Himmel" zu haben. Himmel und Erde müssen sich verbinden.

Bei einer hellsichtigen Erforschung des Wurzel-Chakras kann dieser Prozess beispielsweise bei einem Menschen beobachtet werden, der sich ganz allmählich von einem egoistischen zu einem selbstloseren Wesen entwickelt. Das dunkle Rot des Wurzel-Chakras wird bei dieser Person allmählich feiner und pastell-farbener, und die Energie steigt über den Rückenmarkskanal allmählich zum Kopf empor. Ist diese Verfeinerung des menschlichen Charakters nach vielen Jahren abgeschlossen, zeigt sich ein feiner Strom zart-roter Lebensenergie, der unaufhörlich das Wurzel-Chakra mit dem Scheitel-Chakra verbindet. Ein solcher Mensch hat begonnen, seine weltliche Natur schrittweise zu spiritualisieren. Die tierischen Leidenschaften sind in geistige Fähigkeiten übergegangen. Ist dieser Prozess, beginnend mit dem Wurzel-Chakra, eines Tages abgeschlossen, steht uns ein erwachter Mensch, ein Meister des Lebens, gegenüber.

Meditation für das Wurzel-Chakra

Für alle Meditationen über die Chakras gilt der Grundsatz, das gesamte Geschehen, den vollständigen Transformationsprozess, in allen Aspekten einer höheren Macht zu übergeben. Es gilt der Grundsatz des „Dein Wille geschehe!" Die menschliche Persönlichkeit überantwortet sich der göttlichen Allgegenwart.

Die nachstehende Übung fördert daher das Streben nach geistigen Werten, nach innerer Stille und göttlichem Frieden. Wird sie regelmäßig praktiziert, tritt allmählich eine tiefgreifende emotionale und mentale Veränderung ein. Die Persönlichkeit wird reifer und kraftvoller.

Die Übung

Setzen Sie sich entspannt auf einen Stuhl mit einer bequemen Lehne. Sorgen Sie dafür, dass Sie für eine gewisse Zeit nicht gestört werden.

Schließen Sie die Augen, um ohne äußere Ablenkung ganz entspannt die Aufmerksamkeit nach innen zu richten.

Atmen Sie einige Male tief und ruhig ein und aus.

Wenn Sie bereits etwas ruhiger geworden sind, richten Sie Ihre Atmung auf den Unterbauch und atmen tief in diesen Bereich ein und wieder aus. Machen Sie sich bei jedem tiefen Atemzug bewusst, dass Sie beim Einatmen die Liebe Gottes aufnehmen und beim Ausatmen Ihre Sorgen Seiner Liebe anvertrauen.

Alles, was der Mensch in Liebe und Demut der Allgegenwart Gottes übereignet, wird von Seiner Kraft aufgenommen, verwandelt und erlöst.

Spüren Sie ganz bewusst, wie Ihre Füße und Beine, wie Ihr Unterleib, Ihr Bauch- und Brustraum, Ihre Arme, Ihr Hals und Ihr Kopf sich langsam vollständig entspannen. Wenn Sie sich in völligem Vertrauen Gott übergeben, vermögen Sie zu erspüren, wie Sein Licht als wärmende Lebensenergie in Ihren Körper eintritt und jede Zelle erfüllt.

Verweilen Sie in diesem licht-vollen Zustand für etwa zehn Minuten. Wenn Sie diese innere Sammlung als besonders angenehm empfinden, können Sie auch länger darin verbleiben.

Versuchen Sie, mit jeder Faser Ihres Wesens die GÖTTLICHE LIEBE zu erspüren, die während dieser Meditation in Sie einströmt. Nehmen Sie diesen Kraftstrom mit tiefer Dankbarkeit entgegen.

Atmen Sie zu jedem Zeitpunkt dieser Meditation ruhig weiter und lassen Sie den Atem fließen – bis Sie seinen feinen Fluss fast gar nicht mehr bemerken.

Wenn Sie nach einiger Zeit das Gefühl haben, dass sich die KRAFT allmählich wieder zurückzieht, dann beenden Sie sanft diese Meditation und konzentrieren sich wieder ganz auf Ihre physische Form.

Öffnen Sie langsam die Augen und danken Sie Ihrer göttlichen Führung.

Das Sakral-Chakra

Das Sakral-Chakra wird in der abendländischen Überlieferung als das Zentrum der Geschlechtsorgane und der Sexualität betrachtet. Nun mag man erstaunt fragen, ob es denn „abendländische" und „morgenländische" Chakras gibt? Diese scheinbare Anomalie oder reale Unterschiedlichkeit erklärt sich auf relativ einfache Art und Weise. Viele hellsichtige Beobachtungen des menschlichen Chakra-Systems, in Indien wie auch in Tibet, wurden von Mönchen (oder Einsiedlern) an Mönchen (oder Einsiedlern) gemacht. Diese wiederum praktizierten aufgrund ihrer Zurückgezogenheit oder ihrer Gelübde keinerlei Sexualität mehr. Ihr Sakral-Zentrum war daher fast gar nicht mehr ausgeprägt.

Der Energiefluss dieser Menschen verlief über ein daneben liegendes Zentrum, das aus den genannten Gründen von etlichen östlichen Traditionen als das eigentliche 2. Chakra (das Milz-Chakra) angesehen wird. Das Milz-Chakra liegt ein wenig links des Bauchnabels, etwas über oder unterhalb des physischen Organes. Während das Sakral-Chakra den Dickdarm, die Blase und die Fortpflanzungsorgane steuert, besteht die Aufgabe des Milz-Chakras vorrangig darin, die Prana-Aufnahme des Körpers zu steuern. Über die Milz werden jene feinen „Vitalitätskügelchen“ aufgenommen, die man bei einem unfokussierten Blick in die Sonne an einem sonnigen Sommertag auch mit den physischen Sinnen wahrnehmen kann.

Das Milz-Chakra ist gleichsam die „Verteilerstation“ für Prana im menschlichen Organismus. Es nimmt die feinstoffliche Prana-Energie, die kosmische Lebenskraft, auf, assimiliert und verteilt sie im gesamten Organismus.

Das Sakral-Chakra nimmt natürlich auch diese Energie auf und verwendet sie, wenn der Bereich der Sexualität zur Entfaltung kommt. In diesem Fall zeigt sich anstelle des Orange des Milz-Chakras ein Rot-Ton in der menschlichen Aura, der ähnlich der Farbzusammensetzung des Wurzel-Chakras ist.

Das Sakral- und das Milz-Chakra stehen eng mit den menschlichen Emotionen in Verbindung. Stellt ein Heiler eine Blockierung in diesen Bereichen fest, stehen diese in fast allen Fällen mit unterdrückten Gefühlen (häufig im Bereich der Sexualität) oder mit Schwierigkeiten in Beziehungen (vor allem im Familien-Bereich) im Zusammenhang. Häufig geht es schlicht um fehlende Lebensfreude. In solchen Fällen empfiehlt es sich für die unglücklichen Betreffenden, sowohl die Farbe Orange verstärkt zu tragen als auch Aktivitäten zu unternehmen, die Lebensfreude und Fröhlichkeit vermitteln. Ein Defizit in einem der menschlichen Chakras führt häufig zu einer Unterversorgung auch der anderen Energiezentren. Hier arbeitet das feinstoffliche „Energieversorgungssystem“ ähnlich wie das menschliche Organsystem!

Ein vollständig ausgebildetes Milz-Chakra wird so viel Prana aufnehmen, dass der Mensch einen Überschuss besitzt, den er zum Wohlergehen seiner Mitmenschen abzugeben vermag. Jeder kennt solche „Energie-“ oder „Kraft-Pakete“, die scheinbar über unerschöpfliche Energiereserven verfügen. Solche Menschen sind ein wahrer Segen für chronisch erschöpfte oder energetisch unterversorgte Mitmenschen. Durch die hundertprozentige Prana-Aufnahme verfügt ein derartig „aufgeladener“ Mensch über eine Kraftquelle, aus der er, selbst wenn ihm dies meistens nicht bewusst ist, beständig an seine Umgebung Lebensenergie abgibt. Stellt sich ein Mensch, der über ein gut funktionierendes Chakra-System verfügt, bewusst in den Dienst des Geistigen Heilens, kann die Prana-Zufuhr aus geistiger Sicht nochmals erheblich verstärkt werden, da der Heiler gezielt die einströmende Lebenskraft an Bedürftige weiterleitet.

Es leuchtet ein, dass dieser Sachverhalt natürlich auch im gegensätzlichen Sinne wirkt. Es gibt sogenannte „Energie-Vampire“, die, häufig ohne böse Absicht, ihre gesünderen Mitmenschen geradezu leer saugen. Sie sind „Energie-Schwämme“, die alles an Prana aufnehmen, was irgendwie für sie erreichbar ist. Kommen solche Personen in Kontakt mit Menschen, die selbst ein wenig labil, körperlich geschwächt und in ihrem Chakra-System ungeschützt sind, dann kann das für diejenigen, denen die Energie „abgesaugt“ wird, zu erheblichen gesundheitlichen Problemen führen. Hier kann es hilfreich sein, bestimmte Meditationsübungen zu praktizieren, mit denen das Chakra-System insgesamt vor „Energie-Vampiren“ geschützt wird. Menschen, die diesbezüglich eher eine Schwäche aufweisen, sollten sich möglichst von Massen-Veranstaltungen fernhalten und vor allem alle Formen von spiritistischen Sitzungen (Channeling) meiden, da ihnen hier auf dramatische Weise Lebensenergie verloren geht. Deswegen fallen auf spiritistischen Sitzungen regelmäßig Teilnehmer in Ohnmacht!

Wer sein Milz-Chakra stärken möchte, kann dies auf sehr einfache Weise in der Natur tun. Die leichte Übung, einen “Baum-zu-umarmen“ oder bewusst einen schönen Garten oder eine gepflegte Parkanlage zu durchwandern, füllt auf natürliche Weise den Prana-Haushalt wieder auf. Wenn der Mensch erkennen würde, mit welcher liebevollen Zuneigung die Natur ihm Lebensenergie zur Verfügung stellt, würde er einerseits bewusster dieses Geschenk annehmen und andererseits mit größerer Dankbarkeit durch Gottes Erdengarten gehen.

Das Sakral-Chakra erlebt eine Stärkung oder Verfeinerung, wenn eine eher unbewusste (animalische) Sexualität allmählich verfeinert wird und der Energiestrom vom Sakral-Chakra aufsteigt zu den höheren Kraft-Zentren des Menschen. Bei einer hellsichtigen Beobachtung zeigt sich dies im Übergang von grellen Rot- oder Orange-Tönen zu zarten, pastellfarbenen Farbkombinationen. Allerdings sollte jeder Mensch, der sich der Meditation, dem Yoga oder der bewussten Arbeit mit den Chakras widmet, stets beachten, dass er auf seine inneren Prozesse und seine persönliche Bewusstseinsstruktur achtet. Gerade in unserer Zeit hat sich eine Form von ungesunder Vergeistigung ebenso breitgemacht wie eine exzessive Art des Auslebens von Sexualität, die beide einem bewussten, wachen und verantwortungsbewussten Umgang mit den Energien des Sakral-Chakras widersprechen. Wer nicht achtsam mit spirituellen Kräften umgeht, wird relativ schnell an schmerzhafte Grenzen stoßen. Dieser Prozess stellt dann keine „Strafe“ dar, sondern einen liebevollen Hinweis höherer Mächte, dass der Mensch sich auf einem Irrweg befindet.

Das Solarplexus-Chakra

Das Solarplexus-Chakra stellt auf der gegenwärtigen Entwicklungsstufe der Menschheit gleichsam den Mittelpunkt des Chakra-Systems dar. In diesem Zentrum sind die meisten Menschen zurzeit polarisiert. Daher empfinden sich Menschen mit einem harmonisch arbeitenden Solarplexus-Chakra in der Regel im Einklang mit sich selbst. Es ist der Mittelpunkt der persönlichen Kraft, des inneren Selbstwertgefühls.

Da nur wenige Menschen ihren Lebensmittelpunkt im Mentalkörper haben, also von einem eher selbstlosen Denken geprägt sind, sondern aus ihrem Astralkörper heraus leben, spielen Gefühle und emotionale Prägungen eine entscheidende Rolle. Diese wiederum werden weitgehend vom Solarplexus-Chakra gesteuert. Dabei umfasst das Feld der Gefühle einen immensen Bereich. Von blanker Wut und abgrundtiefem Hass bis zu Schuldgefühlen, Reue oder mitfühlender Liebe spannt sich ein vielfarbiger Teppich von unterschiedlichsten emotionalen Regungen. Während reinere Gefühle das Solarplexus-Chakra stärken, wird es durch negative Emotionen oder Scham- bzw. Schuldgefühle eher geschwächt. Je selbstloser die Energiezufuhr aus dem Astralbereich ist, desto stärker wird das Solarplexus-Chakra geläutert und die Gefühle allmählich selbstloser, bis sie schließlich die Reinheit eines entfalteten Herz-Chakras zu manifestieren vermögen.

So wie über das Solarplexus-Chakra Emotionen und Gefühlsregungen nach außen abgestrahlt werden, nimmt es natürlich auch sämtliche emotionale Wogen aus der Außenwelt auf. Alle Chakras sind grundsätzlich als Ausgangs- wie auch Einfalls-Tore zu verstehen. Menschen mit extrem negativen Gefühlen dürfen daher mit Fug und Recht als „emotionale Umweltverschmutzer" bezeichnet werden. Wer dagegen schon sehr geläuterte und reine Empfindungen in die Welt zu strahlen vermag, wirkt segensreich auf alles und jeden ein, das mit ihm in Berührung kommt.

Medizinisch gesehen, ist das Solarplexus-Chakra vor allem für die in seiner Nähe liegenden Organe zuständig, wie etwa den Magen oder die Gallenblase. Aus diesem Grund wird es nicht verwundern, dass Aufregung und Stress, die über das Solarplexus-Chakra verarbeitet werden, „auf den Magen schlagen". Um einem durch solche negativen Erfahrungen geschwächten Solarplexus-Chakra wieder neue Lebensenergie (Prana) zuzuführen, empfiehlt es sich, dieses Zentrum intensiv dem Sonnenlicht auszusetzen. Natürlich sind auch alle im Abschnitt über „Prana" angeführten Übungen geeignet, um dieses Zentrum wieder mit neuer Vitalität zu versorgen.

Im Zusammenhang mit dem Solarplexus-Zentrum sollte beachtet werden, dass Gefühle in einem erheblichen Ausmaß von Gedanken gesteuert werden. Die östliche Spiritualität war sich dieser Abhängigkeit durchaus bewusst und unterschied daher zwei Formen des Denken – das „begierliche Denken“ (im Sanskrit Kama-Manas), das über das Solarplexus-Chakra verläuft, und das „weise Denken“ (Buddhi-Manas), das über das Stirn-Chakra verläuft. Wenn nun belastende oder schädliche Emotionen, die im Solarplexus-Chakra verankert sind, transformiert werden sollen, gilt es, die Macht der Gedanken gezielt einzusetzen. Wer beispielsweise unter einem starken Hassgefühl leidet, vielleicht wegen Missbrauch, Verletzung oder seelischer Kränkung, der kann diejenige Person, welche dieses Hassgefühl ausgelöst hat, bewusst vor sein inneres Auge rufen und beginnen, ihr ganz allmählich zu verzeihen. Dabei gilt es zu beachten, dass dies durchaus ein langwieriger Prozess sein kann, aber auch eine „lange Reise beginnt mit dem ersten Schritt“, wie ein altes arabisches Sprichwort es ausdrückt.

Auch das Solarplexus-Chakra kann durch jene Meditation unterstützt werden, die im Anschluss an das Wurzel-Chakra beschrieben wurde.

Das Herz-Chakra

Das Herz-Zentrum kann gleichsam als Mittelpunkt der menschlichen Energiezentren betrachtet werden. Es nimmt Impulse der drei unteren Chakras auf, die sich vorrangig mit irdisch-materiellen Themen und den menschlichen Emotionen befassen. Gleichzeitig empfängt es Inspirationen aus den drei höheren Chakras und damit aus den höheren Sphären des Daseins. Das Herz-Chakra spielt somit gewissermaßen eine Mittlerrolle zwischen „oben" und „unten", zwischen Himmel und Erde. Es steht für die „Mitte" des Menschen, die geistige Mitte, und man ist geneigt, im Zusammenhang mit dem Herzen die tiefere Bedeutung dessen zu erkennen, was der Buddha als den „mittleren Pfad" bezeichnet hat. Nur über das erwachte und entfaltete Herz-Chakra, über die vom GEIST erfüllte Herzensenergie – man denke auch an die „Herzensbildung" – führt der Weg zurück in die geistig-göttlichen Welten.

Das Herz-Chakra ist das Zentrum, in dem der Mensch seine reinsten Gefühle zu entfalten vermag. Liebesempfindungen, die weit jenseits der Begierde und des egoistischen Besitzdenkens stehen. Nicht ohne tieferen Grund spricht der „kleine Prinz" die weisen Worte: „Man sieht nur mit dem Herzen gut!"

Über das Herz-Chakra wird es dem Menschen möglich, eine göttliche Liebeskraft aufzunehmen und diesen Segensstrom wieder an andere Menschen weiterzuleiten. Es ist ein ewiges Geben und Empfangen. Entscheidend ist dabei, dass der Mensch seinen Eigenwillen ganz aufgibt und dem Göttlichen Willen übereignet. Nur aufgrund dieser Tat der Überwindung des begrenzten Egoismus und der Hingabe an eine höhere Wirklichkeit macht sich der Mensch bereit, den Segen der ALLGEGENWART GOTTES über sein geistiges Herz zu empfangen. Er wird zu einem wahren „Gralsritter", der seinen Gralskelch, den geöffneten Kelch seines Herzens, dem Licht- und Segensstrom Gottes zuwendet, um bis zum Rand von diesem Gnadenstrom erfüllt zu werden. Parzvial wird zum wahren Gralsritter, als er aus Mitgefühl – der Energie des Herz-Chakras – jene entscheidende Frage stellt, die ihn das Tor der Einweihung durchschreiten lässt.

Die Liebeskraft, die sich im Herz-Chakra entfaltet, wird zu wahrhafter Nächstenliebe und zur entscheidenden Kraft, um den Mitmenschen verzeihen und aus innerster Überzeugung vergeben zu können. Diese Kraft wird ein Mensch kaum aus sich selbst, aus seinem begrenzten Ego heraus entwickeln können. Dazu bedarf es der Öffnung für und der Hinwendung an die göttliche Welt. Die menschliche Macht reicht nicht weit genug, um all das, was über lange Zeit an 'Sünden' (Absonderungen von Gott) und Verfehlungen aufgebaut wurde, aufzulösen. Die vollständige Erlösung aller karmischen Lasten kann nur durch eine höhere Macht erfolgen. Dazu bedarf es des Segens des Allerhöchsten unter der Mitwirkung jener mächtigen Engelwesen, die in der esoterischen Literatur als die „Hüter des Karmas" bezeichnet werden.

Auf der körperlichen Ebene gehört die grüne Farbe zum Herz-Chakra. Es sorgt für die gesunde Funktion des Herzens, für die Lungen, das Immunsystem und die Blutzirkulation. Erkrankungen des Immunsystems oder Schwierigkeiten mit der Atmung (chronische Bronchitis, Asthma etc.) können damit zu tun haben, dass den Menschen „das Herz schwer wird". Es liegt ihnen etwas „am Herzen", und das, was da 'liegt', löst körperliche Beschwerden aus. Hier gilt es, zwei Schritte zu unternehmen:

1) Der Mensch sollte mit radikaler Ehrlichkeit seine Gefühle anschauen und sich ohne zu beschönigen eingestehen, welche Situation oder Person für seine „Herzschmerzen" verantwortlich ist. Dabei kann es auch zu der Einsicht kommen, dass er selbst etwas verändern muss!

2) Um die Schwierigkeiten aufzulösen, empfiehlt es sich, die beteiligten Personen in die Meditation zu nehmen und vom Herz-Chakra aus um eine Lösung zu bitten, die im Einklang mit den Gesetzen des GEISTES steht.

Nur wenn der Mensch sein Herz-Chakra in Harmonie geschwungen hat, kann er auf dem geistigen Pfad voranschreiten und sich schrittweise mit der Entfaltung der drei oberen Chakras befassen.

Das Hals-Chakra

Das Hals-Zentrum stellt ein wichtiges Durchgangstor von der geistigen in die materielle sowie von der mentalen in die emotionale Ebene dar. Menschen, die unter einer starken mentalen Überbetonung leiden, also gewissermaßen „kopflastig" sind, werden vielfach unter Beschwerden im Hals-Chakra leiden, weil der Energiefluss von den oberen in die unteren Zentren an diesem „Engpass" blockiert wird.

Um Stauungen im Hals-Chakra aufzulösen, besteht eine der wirksamsten Hilfen darin, das Herz-Chakra zu aktivieren, also die mentale Energie, die übermäßig stark auftritt, durch die Liebeskraft des Herzens aufzulösen und zu transformieren. Menschen mit diesen Schwierigkeiten zeigen häufig einen ausgeprägten Materialismus und weisen zudem einen extrem ausgeprägten Eigenwillen auf. Wissenschaftler, die beispielsweise ihr ganzes Leben der „Aufgabe" widmen, die Nicht-Existenz Gottes zu „beweisen", leiden – natürlich ohne es zu wissen oder nur zu ahnen – unter einer völligen Disharmonie der oberen drei Chakras.

Das Hals-Chakra dient der Kommunikation und der Entfaltung der kreativen Kräfte des Menschen. Ihm wird die blaue Farbe zugeordnet und die organische Verknüpfung mit der Schilddrüse, dem Gehör sowie mit den Armen, den Schultern und dem Hals. Wer über ein harmonisch schwingendes Hals-Chakra verfügt, wird nicht nur insgesamt ausgeglichen und innerlich zufrieden sein, er wird darüber hinaus auch die Fähigkeit aufweisen, mit anderen Menschen einen kreativen Dialog zu führen, da er intensiv zuhören kann. Es fällt ihm leicht, von seiner Meinung abweichende Ansichten anzuhören und abzuwägen, ob sein eigener Standpunkt den möglicherweise dargelegten neuen Fakten entspricht.

Wer sich dem Gesang gewidmet oder viele Schulungen durchzuführen hat, wird gut daran tun, in der Meditation sein Hals-Chakra regelmäßig mit blauem Licht zu durchfluten, um dieses Energie-Zentrum mit der nötigen Energie aufzufüllen, da es stärker beansprucht wird als bei anderen Menschen.

Menschen, die noch stark vom Eigenwillen gesteuert werden, aber über ein ausgeprägtes Hals-Chakra verfügen, können gefährliche Verführer der Massen sein. Dabei kann die Fähigkeit, mittels und über die Stimme zu manipulieren, vom Straßenverkäufer, der den Vorbeigehenden unnütze Töpfe oder Haushaltsgeräte andrehen will, über den fanatischen Fernseh-Prediger bis hin zum demagogischen Volksverhetzer reichen. Über das Hals-Chakra können sich negative Kräfte einschalten, die den Eigenwillen ihres unwissenden Werkzeuges nutzen, um ihre manipulierende Macht auszuüben. Wer jemals erlebt hat, wie durch eine Ansprache oder Brandrede eine vorher unbeteiligte Zuhörschaft zu einem rasenden Mob wird, der weiß, welche Mächte sich durch das Hals-Chakra, durch die menschliche Stimme, zu manifestieren vermögen. Dieser Gefahr wird jeder entgehen, der seine Absichten einer höheren Macht unterstellt. Wer anlässlich eines Vortrages oder einer Ansprache seine innere Einstellung auf das Göttliche Licht richtet, kann sicher sein, nur von Wesen inspiriert und geführt zu werden, die im Einklang mit der göttlichen Schöpfungsordnung wirken.

Gebet für das Hals-Chakra

Höchste Schöpferkraft,
Wir bitten Dich von Herzen um Deinen Schutz und Deine Führung.
Wir bitten Dich in tiefer Demut um die Befreiung und Neuausrichtung des Hals-Zentrums.
Mögest Du jene Energien segnen, die sich durch uns ausdrücken wollen.

Mögen alle Kräfte, die sich durch uns manifestieren,
Auch zum Segen für alle anderen Reiche des Lebens auf
Erden werden.

Aus tiefstem Herzen danken wir Dir
Und erbitten Deinen Segen für uns und unsere Mitmenschen.

Das Stirn-Chakra

Das Stirn-Zentrum, auch das „dritte Auge“ genannt, öffnet das Tor zu einer höheren Wahrnehmung. Es ist das „Auge der Seher“. Wenn also das Stirn-Chakra voll entfaltet ist, vermag der Mensch mit wachem Bewusstsein in eine höhere Wirklichkeit zu schauen. Kann er sein inneres Bewusstsein vollständig kontrollieren, vermag er über dieses Zentrum seinen Astralkörper auszusenden und in ihm Erfahrungen zu sammeln. Er verfügt in einem gewissen geistigen Reifestadium auch über die Möglichkeit, diesen Astralkörper so zu verdichten, dass andere Menschen ihn mit ihren physischen Augen zu erblicken vermögen. Man spricht in diesem Zusammenhang von „Bilokation“. Der Betreffende wird also zur gleichen Zeit an zwei Orten gesehen. Eine der bekanntesten Persönlichkeiten, die im 20. Jahrhundert über diese Fähigkeit verfügte, war Pater Pio. Er vermochte in seinem feinstofflichen Körper an das Krankenbett von ihm vertrauenden Menschen zu kommen und sie zu heilen. Es sollte an dieser Stelle darauf hingewiesen werden, dass es für geistig unreife Menschen eine nicht unerhebliche Gefahr darstellt, verfrüht den Austritt des Astralkörpers erzwingen zu wollen.

Das Stirn-Chakra ist jenes Zentrum, über das dem Menschen Inspirationen aus der Geistigen Welt zufließen; es ist also sein Tor zur Intuition. Über dieses Chakra erlangt der Einzelne eine umfassendere, holographische Sicht auf alles Sein, die ihm sonst nur innerhalb der Grenzen seines Wahrnehmungsvermögens zur Verfügung steht. Von daher wird dieses Chakra stets mit Fähigkeiten wie Hellhören oder Hellsehen in Verbindung gebracht.

Auf der körperlichen Ebene steuert das Stirn-Chakra natürlich den Seh- und Gehörsinn, aber auch das gesamte Hormonsystem. Liegt in diesem Bereich eine Störung vor, so äußert diese sich nicht selten durch Gleichgewichtsprobleme, Augenbeschwerden und Kopfschmerzen.

Über das Stirn-Chakra entfaltet sich jenes höhere Denkvermögen, das die östliche Spiritualität als „buddhi-manas", als Weisheitsdenken, charakterisiert. Dazu ist es natürlich erforderlich, die kleine, begrenzte, egoistische Erdenpersönlichkeit hinter sich zu lassen und sich auf das höhere Selbst, den Atman oder Gottesfunken, zu konzentrieren. Dies geschieht fast ausschließlich über die Meditation. Gelegentlich kommt es vor, das ein sehr weit entwickelter spiritueller Lehrer einem fortgeschrittenen Schüler mittels einer initiatischen Berührung des Stirn-Chakras einen ersten Blick in eine höhere Welt ermöglicht. Dieses Gnadengeschenk sollte den Schüler ermutigen und inspirieren, um auf seinem Weg voranzuschreiten, bis er einst aus eigener Reife dieses „dritte Auge“ zu öffnen imstande ist.

Gebet für das Stirn-Chakra

Gott-Vater,
Wir bitten Dich um Schutz und Führung,
Wenn Dein Segen unsere inneren Augen öffnen wird.
Möge Deine schützende Gegenwart uns umfangen
Und Deine Weisheit unsere innere Wahrnehmung erweitern.
Möge der Schatten der Illusion von uns abfallen
Und Dein Licht der Wirklichkeit in uns aufleuchten.
Wir bitten Dich auch um Deinen Segen für jene Menschen,
Deren innere Augen noch völlig verschlossen sind.
Mögest Du uns alle leiten und uns helfen,
Uns für die verwandelnde Kraft Deiner Liebe zu öffnen.

Aus ganzem Herzen danken wir Dir für Deine Liebe und Deinen Segen.

Das Scheitel-Chakra

Das Scheitel-Zentrum, häufig auch Kronen-Chakra genannt, wird in der östlichen Weisheitslehre als „Tausendblättriger Lotos“ bezeichnet. Daher weisen viele Bildnisse oder Statuen des Buddha die zahllosen Lotosblüten im Kopfbereich auf.

Das Kronen-Chakra ist das Tor zum Königreich Gottes oder, in der östlichen Nomenklatur, zum Erwachen der Buddha-Natur. Die Entfaltung dieses Zentrums führt zu spirituellem Erwachen, zur Selbsterkenntnis und letztlich zur Erleuchtung. Der erwachte Mensch ist an seinem Ziel angekommen und eins mit dem absoluten Geist geworden. Er hat seine Erdenwanderung abgeschlossen und kann seinen Weg nun auf einer neuen, noch höheren Ebene der Göttlichen Schöpfung fortsetzen.

Wenn die „Kundalini“ in den inneren Kanälen des Menschen aufgestiegen ist, also ihren Weg vom Wurzel-Chakra zum Scheitel-Chakra genommen hat, dann sind Himmel und Erde wieder miteinander verbunden. Einige östliche Traditionen sprechen daher auch von der „heiligen Hochzeit“ zwischen Mutter (Erde) und Vater (Himmel). Der Mensch ist wieder ganz geworden, seine Abspaltung von seiner göttlichen Heimat ist überwunden.

Das Scheitel-Chakra steht mit der Zirbeldrüse (in früheren Zeiten als „Sitz der Seele“ angesehen), dem Gehirn und dem Nervensystem in Verbindung. Es koordiniert gewissermaßen das gesamte „Schaltwerk“ des menschlichen Organismus. Ist das Scheitel-Chakra gestört, kann der Mensch unter starken Depressionen oder einem extremen Gefühl von Einsamkeit und Verlassensein leiden. Hier kann aber eine regelmäßige Meditationspraxis, unter der Anleitung eines erfahrenen spirituellen Lehrers, eine sehr rasche und tiefgreifende Besserung herbeiführen.

Da das Scheitel-Chakra das Tor zum Himmel darstellt, wird in vielen Meditationssystemen eine Praxis empfohlen, in der Herz-Chakra und Scheitel-Chakra gleichzeitig angesprochen werden; denn in letzter Konsequenz kann sich das Scheitel-Chakra nicht völlig öffnen, ehe sich nicht das Herz vollständig dem Willen des Höchsten übereignet hat. Das Scheitel-Chakra kann zwar die Wahrheit des Satzes „Dein Wille geschehe!“ anerkennen, das Herz-Chakra jedoch muss diese Einsicht praktisch vollziehen. Daher lehren alle großen Meister, nach der Schulung der geistigen Fähigkeiten und der Einweihung in das esoterische Wissen, die Rückkehr zum Herz-Chakra, um den letzten Schritt zu vollziehen. Auch wahre Heilung wird nur über diese Verbindung erzielt.

Gebet für das Scheitel-Chakra

Höchste Schöpferkraft,
Wir bitten Dich aus reinem Herzen um Deine Führung und Inspiration.
Möge Dein Licht über und in uns aufleuchten.
Möge Dein Schutz mit uns sein,
Wenn Du uns das Tor zum Himmel öffnest;
Und möge allein Dein Wille in uns geschehen.
Hilf uns, auch die letzten Blockaden in unserer Seele zu überwinden,
Um endlich wieder EINS zu werden mit Deiner Herrlichkeit.

So möge es geschehen – heute und in Ewigkeit.
Amen

Die Bedeutung der Ur-Kraft Kundalini im Evolutionsgeschehen

Kundalini ist eine der geheimnisvollsten und mächtigsten Kräfte im Universum und wird wegen ihrer „gewundenen“ Bewegungen oft das „Schlangenfeuer“ genannt. Den allgemein veröffentlichten Berichten über Kundalini sollte mit größter Zurückhaltung begegnet werden, weil es unverantwortlich ist, die – auch nur teilweise – Entwicklung einer Energie zu unterstützen, welche unbarmherzig-zerstörend wirkt, wenn jemand sie vor der gebührenden Zeit zu erwecken sucht.

Es gibt jedoch grundlegende Tatsachen über rechtmäßige spirituelle Vorgänge und Erlebnisse, die öffentlich mitgeteilt werden dürfen; und das Wissen davon kann einen ernsten Studierenden in die transzendenten Daseinsreiche zu erheben helfen, wo das EWIGE nur geringe Verschleierung durch die flüchtigen Schatten der Zeit erfährt. Aber die Erweckung der Kundalini-Energie bleibt legal einem Adepten-Lehrer vorbehalten, der zur rechten Zeit bei dem Aspiranten erscheint. Die Instruktion über Kundalini in den Inneren Welten gehört zum Lehrplan dieses MEISTERS, wenn die genügende Reife bei einem Schüler vorhanden ist und die Umstände es gestatten. Es ist ein abenteuerliches, faszinierendes Mysterium, dem man sich verhaltenen Atems nähern sollte – im Gefühl, sich inmitten einer unfassbaren Glorie zu befinden. Alles höhere geistige Wissen ist ja stets ein Mysterium, denn so viel wir auch zu wissen glauben, bleiben doch noch stets grandiosere Geheimnisse zurück, so dass unser Weg zur bewussten Göttlichkeit ein immerwährendes Entzücken ist, falls wir auf dem PFAD bleiben!

Schon durch eine theoretische Kenntnis von Kundalini erhalten wir im Wachen Ahnungen von gewissen Bewusstseinsgipfeln, die der Eroberung harren; und es ist überaus wertvoll, oft an das LICHT erinnert zu werden. Durch diesen Kontakt lernen wir, uns verwegen in die Anfänge der Mysterien vorzuwagen, bis wir endlich die unsere „Auferstehung" begrüßenden „Silberstimmen" vernehmen. Es ist wunderbarer, in der Welt des Unerforschten zu wohnen, als in der des konkreten Wissens; denn dort lernen wir Göttliche Wesen uns als solche zu erkennen. Jedoch sollten wir zuerst durch viel Studium und Meditation auf den friedvollen Oberflächen der

Mysterien schweben, ehe wir in ihre rebellierenden Tiefen eindringen und uns in ihre Stürme und Kataklysmen stürzen.

Das Wort Kundalini leitet sich aus drei Sankritwurzeln ab: kund = brennen, kunda = Höhlung, und kundala = Spirale. Kundalini ist beim Menschen der weibliche Aspekt der in einer Höhlung schlummernden Evolutions-Schöpfer-Energie, die zu gegebener Zeit in spiralig auf- und abrauschenden Strömen zur rhythmischen Bewegung erwacht. Sie liegt zusammengerollt am Grund des Rückgrats; und ihre direkte Erweckung ist mit unheilvollen Gefahren verbunden, wenn nicht ein enormer Reifegrad den Menschen zu ihrer Beherrschung befähigt. Doch schon ein Eintauchen in die Atmosphäre dieses geheimnisvollen Reiches vermittelt einen Hauch des Kosmischen Bewusstseins; ein Duft wie spiritueller Ozon steigt auf, der ein bisher unbekanntes Höheres Ich berühren lässt. Wir gewinnen eine Freiheit wie ein den Gebrauch seiner Flügel lernender Vogel; und bei diesem „Flattern“ beginnen wir, wirklich und unwirklich, wahr und falsch, nützlich und nutzlos, schön und hässlich scharf zu unterscheiden. Langsam wird diese Unterscheidung immer sicherer; und dann kommen (allerdings nur bei den dazu nötigen ganz abgeschiedenen Lebensumständen) einmal die ersten Regungen von Kundalini – die schließlich für immer das „Feuer des Ewigen Lebens“ in uns befreien und uns die Krone des Ewigen Königtums aufsetzen wird. Obwohl noch weit davon entfernt, kann doch ein Ahnen von Kundalini uns schon jetzt den Weg zu einem spirituell-königlichen Leben vermitteln.

Der Wert dieser Mitteilungen liegt nicht in einem Appell an den Intellekt. Gerade die „Unverständlichkeit“ vieler hier geschilderter Dinge lässt in weiter Ferne ein geheimnisvolles ETWAS auftauchen, dem wir uns entgegentasten! Wir entdecken bald, dass diese Dinge phantastisch sind, nicht wegen ihrer angeblichen Unwahrheit, sondern weil sie, im Gegenteil, noch zu wahr für uns sind! Ihre „Absurdität“ besteht nur aus der völligen Ferne von aller bisher normalen Erfahrung. Darum sollte man diese Beschreibungen vorurteilslos aufnehmen, nicht mit festen Meinungen über das, was möglich oder unmöglich ist – denn solches wäre stets irreführend.

Wir kommen nun zu einigen bestürzenden Erlebnissen des Neuankömmlings im Zauberland von Kundalini: Die erste aufblitzende Bewusstseinsausdehnung lässt in ihm ein überwältigendes Gefühl der tiefen Beziehung zwischen Makrokosmos und Mikrokosmos erwachsen. Er scheint zu fernen Raum-Regionen hinauszufliegen; und die herrliche Tatsache von seiner völligen Einheit mit dem „Unendlichen Bewusstsein“ und allem Lebendigen nimmt von ihm Besitz. Sein Bewusstsein erscheint ihm wie ein Mosaikstein im Gesamt-LEBEN. Aber es muss doch schwingungsmäßig ihm nahe verwandte Mosaiksteine geben? Sogleich scheinen ihn gewisse zärtliche Schwingungen von weit her, doch aus einer sehr präzisen Ferne, antwortend zu berühren. Es steht eine unermessliche kosmische Bedeutung hinter den falsch verstandenen Zwillingsseelen-Theorien. Selbst unsere Erde hat ihren „Zwillings-Stern". Die Dualität des LEBENS ist so fundamental wie seine Einheit, Trinität und Siebenheit.

Während der Strebende im Flug der Vision weitergetragen wird, erkennt er die Beziehung zwischen den Deva-Feuerriten der Erde und der Universalen Kundalini, deren Beherrscher unser Sonnen-Logos ist. Für uns ist die Sonne die Kundalini in jenem Reich, worin wir „leben, weben und sind". Jede individuelle Kundalini in Planeten und Naturreichen ist ein Teil der Sonnen-Kundalini – mit der latenten Fähigkeit unwiderstehlicher, strömender, alles vor sich her in Flammen setzender Bewegung. Alle diese winzigen, von Ihm entzündeten Kundalini-Ströme haben teil an der Allwissenheit, Allmacht und Allliebe ihres erhabenen „Ahnherrn". Es gibt eine Elemente verbindende Kundalini-Kette und eine, die alle Sonnensysteme verbindet und deren Kraftzentren von der Kosmischen Kundalini belebt werden. Auch die Erde hat ihre Kraftzentren – wirbelnde Räder feuriger Energie. Gigantische Deva-Regenten der Evolution regulieren überall die Verteilung des verzehrenden Kundalini-Feuers.

Bei Menschen, die definitiv andere zum GUTEN zu beeinflussen suchen, entsteht in Höhenpunkten ihrer Tätigkeit eine allgemeine indirekte Belebung von Kundalini und den Chakras durch ihr Aufglühen im Herzen, in der Kehle, auf dem Scheitel und zwischen den Augenbrauen. Dies bedeutet nicht eine direkte Kundalini-Erweckung, sondern eine Intensivierung des Universalen Kundalini-Feuers – mit dem Resultat, dass ihre Nerven und andere Stromwege mehr an „Feuerladung" bekommen als sonst, wobei Störungen von Organfunktionen auftreten können.

Nikotin legt eine Schranke gegen die Universale Kundalini-Kraft, während der als direkte Stimulanz wirkende Alkohol das Feuer in schädigend-falsche Richtungen aufrührt. Alle Narkotika und alle Fleischspeisen verbreiten eine tödliche Ausdünstung zwischen dem Menschen und seinen höheren Bewusstseinsmöglichkeiten.

Früchte der direkten Kundalini-Erweckung sind auch das „Ununterbrochene Bewusstsein" bei Tag und Nacht, also die volle Erinnerung an nächtliche Tätigkeiten. Es entsteht ein neuer Sinn und eine ungeheure Verstärkung der schon wirkenden Sinne und Kräfte. Wir stehen hier erst am Anfang. Die Welt wird vor der wissenschaftlichen Entdeckung der Kundalini, wegen der Vernichtungsgefahr, noch gnadenvoll bewahrt. Kundalini ist gewaltiger als die „Todesstrahlen" und andere hochzerstörerische physikalische Ströme. Kundalini wendet sich bumerangartig mit furchtbarer Wirkung gegen die, welche sie ohne Ehrerbietung zu selbstsüchtigen Zwecken missbrauchen. Am ersten Platz steht die Gefahr von sexueller Überreizung und Besessenheit, mit völligem Vitalitätsverlust und mentaler Gestörtheit. Die schöpferische Sexualkraft ist eng mit Kundalini verknüpft, und zwar als deren unterster Aspekt. Sie muss zuvor sublimiert werden und zur sakramentalen Anwendung kommen. Nur denen, die das Wissen von der Göttlichkeit des Geschlechts kennen und erfuhren, kann die Kundalini gefahrlos anvertraut werden. Ohne genügend Selbstbeherrschung, Gesundheit und Freiheit von sexuellem Hang besteht die Gefahr, dass das physische rhythmische Gleichgewicht durch die mit Kundalini verbundene starke Erregung der Körper-Zentren zerstört wird. Herz und Nervensystem werden dann verletzt, und der Mensch wird ein chronischer „Invalide“ mit entartetem Gehirn und mentaler Zerrüttung. Jeder, in dem Kundalini erwacht, muss alle Symptome sorgfältig regulieren. Ist er dazu nicht imstande, so fehlt ihm noch die Reife. Ein „Reifer“ besitzt das intuitive Wissen. Man bedenke: Der physische Körper ist dichter und daher weniger anpassungsfähig als die anderen Bewusstseinsträger. Alle physischen Funktionen sind mit gewissen Körperteilen verknüpft, wogegen bei den höheren Vehikeln der ganze Astralkörper fühlt und der ganze Mentalkörper denkt. Das Gehirn fungiert als Hauptknotenpunkt zwischen der Physis und den höheren Bewusstseinsträgern. Bei Empfindungslosigkeit des Gehirns wird – im Wachzustand – Fühlen und Denken unmöglich. Die höheren Körper üben also in der physischen Sphäre den stärksten Druck auf das Gehirn aus, welche diese Last normal leicht trägt, da die überphysischen Zuleitungswege zu ihm eng begrenzt sind. Aber die erweckte Kundalini wird unwiderstehlich diese Kanäle gießbachartig überfluten und die sensitiven Gehirnzellen vitalisieren. So wird die Konzentration auf das Gehirn gewaltig verstärkt.

Ein Mensch, in dem Kundalini sich schwach zu regen beginnt, lebt unter einem hochgespannten Druck. Es entstehen Kraftzusammenballungen in den Organen, die an Stärke variieren. Kundalini würde jeden Unreifen bei völliger Erweckung ganz übermannen und in grausame Finsternis stoßen, falls er nicht ein psychischer Athlet ist, um die Spannung auszuschalten. Die zarten Kanäle zu den Inneren Welten zerspringen, wenn ein so plötzlicher, peitschender Kraftstoß sie oder ein Organ durchwirbelt. In einem spirituell hochstehenden Menschen strömt die erwachte Kundalini reibungslos und natürlich dahin. Doch vorher ist äußerste Vorsicht nötig, denn das „Schlangenfeuer“ unterscheidet nicht, sondern strömt verzehrend auf den Linien des geringsten Widerstandes, oft mit furchtbarer Wirkung, statt aufwärts abwärts in die Sexualsphäre. Es reißt enge Schleusen weit auf und schafft so eine direkte Verbindung zwischen allen Vehikeln

– mit dem Ergebnis des „Ununterbrochenen Bewusstseins“. Dies aber bewirkt eine mächtig-vermehrte, stärkste Beherrschung fordernde seelische und körperliche Empfindlichkeit. Heute muss Kundalini (wenn nötig) meist nicht in stillen Wäldern, sondern im Lärm der Städte entwickelt werden – unter dem Risiko, dass das sensitiv werdende Körperinstrument beim Anprall von heftigen Schwingungen zerbrechen kann. Darum ist auch ausgeglichene Gesundheit unerlässlich. Jedoch das Hauptproblem ist: Kann das Gehirn diesem gewaltigen Druck, dieser unwiderstehlichen Sturzflut aus den inneren Körpern standhalten? Es kommt auch auf die Dehnungs- und Anpassungsfähigkeit der grauen Gehirnmasse an. Jede Härte und Starrheit im Astral- oder Mentalkörper, die sich ja dem Gehirn und Herzen mitteilt, kann zum Zerspringen führen. Alles hängt also vom Zustand des Astral- und Mentalkörpers ab und von dem Grad, in dem das kausale und buddhische Denken sich bereits durchsetzt. In manchen Fällen hat die Seele zwar die nötige Reife, aber ihr durch Missbrauch in dieser oder einer vergangenen Inkarnation mangelhafter Körper kann der Anspannung noch nicht trotzen. Dann muss der Strebende die nächste Verkörperung abwarten, zu der er dann einen jetzt zu schaffenden, reinen und starken Körper mitbringt. Die Tollkühnheit eines Versuches, Kundalini ohne wirklich zuständige Führung zu erwecken, zeigt sich durch den bekannten Satz, dass „die Straße der Esoterik (speziell des Kundalini-Erweckens) mit Wracks bestreut ist“.

Jeder, der leichtsinnig solche Bemühungen macht, hat meist Wahnsinn, Laster, Siechtum oder Tod zu befürchten.

Die Kundalini ist das „Feuer des Lebens" und durchflutet Mineral-, Pflanzen-, Tier- und Menschenreich als ein sanftbelebender und befruchtender Strom – das „Nervenfluid". Nur wenn in spezielle Kanäle geleitet, wird sie zu einer rasenden Sturzflut mit vergöttlichenden oder vernichtenden Wirkungen. Bei jedem spirituellen Wachstumsschritt entsteht eine Intensivierung von Kundalini, und besonders auf dem sogenannten PFAD. Unter PFAD ist ein seit archaischen Zeiten bekannter, abgekürzter Evolutions-Weg zu verstehen, wodurch ein zu freudigen Opfern bereiter Mensch unter Adepten-Führung ein sonst sehr viele Inkarnationen benötigendes Wachstum in wenige Leben zusammendrängt.

Schon bei einem „Angenommenen Schüler" beginnt ein loses Entspannen von Kundalini für bestimmte Zwecke. Ein Hauptgrund, warum die Adepten sehr vorsichtig mit dem Eingehen dieser engen Beziehung zu einem Menschen sind, ist die verstärkte Anregung der Kundalini. Einen noch stärkeren Impuls bewirkt der Eintritt in die „Große Weiße Bruderschaft". Die Kundalini-Kraft dieser machtvollen Körperschaft strömt dann hoch-spezialisiert in den Neophyten. Kundalini verstärkt intensiv das Einheitsgefühl. Nicht nur die

Wälle zwischen den Bewusstseinsebenen werden niedergebrochen, sondern auch die zwischen Einzelmenschen und der Gesamtheit. Ganz besonders durch das Teilhaben an der gewaltigen Kraft der „Hierarchie der Adepten“ schwindet bei diesen höchsten Eingeweihten fast völlig die Illusion der Getrenntheit.

Doch schon eine Verbindung mit der Theosophie bewirkt aufgrund ihres Trennungen überbrückenden Hauptprinzips eine allgemeine Anregung dieser Ur-Energie; denn diese Bewegung hat ihren eigenen, speziellen Kundalini-Aspekt. Zuweilen ist dieser Impuls zu schwer tragbar; denn neben den reifemäßig von Konventionen befreiten, in Sicherheit vorschreitenden Pionieren werden auch labile, unausgeglichene Typen davon angezogen, in denen die erweckte Kundalini alle latenten Schwächen und Fehler zur Oberfläche bringt. Kundalini ist eine unpersönliche, Gutes und Böses aufrührende Urkraft. Während die Fehler des Betreffenden wachsen, wird er sich meist im Geltungswahn für den großartigsten Vertreter der Wahrheit halten; und der Segen seiner Verbindung verkehrt sich in einen Fluch, der nur mühevoll gemildert werden kann.

Im Fall einer direkten Kundalini-Erweckung wird das Hauptwerk von dem Betreffenden während des Schlafes getan und besteht zunächst aus der Vorbereitung des Kundalini-Stromweges an der Wirbelsäule, wo sich jene Chakras befinden, deren Aktivierung durch Kundalini übersinnliche Fähigkeiten schafft. Das Kundalini-Feuer liegt, in einer kugeligen Hülle zusammengerollt, am Grund des Rückgrats. Wenn durch lang-fortgesetzte, völlig reine, disziplinierte Lebensführung das Feuer genügend mit der rechten „Nahrung“ versehen wurde, gerät es in Tätigkeit und entfacht sich zu heller Hitze, welche die trüb-glühende Hülle in starkes Brennen versetzt und zu einer strahlenden „Sonne“ verwandelt. Diese Kundalini-Sonne gleitet dann sehr rasch in spiraliger Bewegung die Wirbelsäule auf und nieder, wobei sie besonders die dem „Strahl“ des Schülers entsprechenden Chakras aktiviert. Es entsteht dabei ein Druckgefühl und im Scheitel-Chakra ungewöhnliche Wärme. Auch im Wachzustand wird oft ein warmes Glühen das Rückgrat hinauf verspürt. Doch die wundervollste Wirkung ist die Bewusstseinsausdehnung. Man fühlt sich von einem ungeahnt-glorreichen Leben und einer Art All-Versöhnung erfüllt. Barrieren zerbrechen, der Schüler schaut im Inneren aller Wesen ihre herrliche Zukunft. Eine schleierlose Ewige Wirklichkeit tut sich über dem Physischen auf. Anfangs wird ihm oft schwindelig, weil er sein neues Sehen in anderen Welten und Dimensionen noch nicht beherrscht. Erst allmählich kann er das Hin- und Herflattern zwischen den Bewusstseinszuständen vermeiden. Oft empfindet er sich weit entfernt. Geräusche erreichen ihn nur wie ein schwaches Murmeln. Er kommt sich vor wie ein Zuschauer auf der ihm fremd und unwirklich werdenden Lebensbühne. Sein Gehirn ist mit unfassbarer Wachheit dem EWIG-WIRKLICHEN geöffnet. Schattenhafte Berührungen hoher Bewusstseinsformen treten auf. Die Empfindlichkeit wächst dann enorm, ein lautes Geräusch veranlasst einen Schock. Der Mensch wird zu einer Art sensitiver Platte für die Personen seiner Umgebung, so dass er blitzhaft ihre hohen und niederen Seiten erkennt. Der Körper scheint von diesem überphysischen Feuer zu glühen, so dass jemand in der Nähe fast die Wärme fühlen könnte. Oft wird der Körper von alledem und dem Gehirndruck sehr ermüdet. Durch das Kundalini-Erwachen entsteht eine erhöhte Sensitivität für die Einflüsse von heiligen und mystischen Stätten, ritualen Gottesdiensten und Ähnlichem, wogegen man sich in Geschäfts- und Vergnügungsvierteln wie Blumen bei Luftmangel dahinwelken fühlt.

Die Chakras entfalten sich blütenhaft. Kundalini durchdringt langsam den ganzen Körper, und höhere Energien durchglühen Herz und Gehirn. Am Anfang bedeuten solche Berührungen Herrlichkeit und Schmerz zugleich – Schmerz wegen der peinigenden Hindernisse, und Herrlichkeit wegen der Bewusstseinserhöhung durch das „Feuer des Ewigen Lebens“.

Kundalini spielt überall zwischen zwei Polen; einem positiven, der Sonne, und einem negativen, der Erde. Kundalini zu erwecken heißt, das schlummernde Feuer zu einer reinigenden Energie spendenden Flamme zu entfachen – mit Kontakt zu dem UNIVERSALEN FEUER. Die Körper werden dann zu einer Sphäre zwischen den beiden gewaltigen Sonne- und Erd-Zentren. Der Mensch schreitet in den Raum zwischen ihnen und wird mit dem Wechselspiel der ungeheuren Kundalini-Energien geladen, die ihre Empfangs- und Verteilungsstation im Chakra an der Wirbelsäulenbasis hat. Von dort geht ihr vitalisierender Weg durch die übrigen Chakras. Aus dem Zentrum der Erde fließt Kundalini herauf – aus jener glühenden Unterwelt, dem Laboratorium des DRITTEN LOGOS, wo die chemischen Elemente entstehen – durch Füße, Beine und Geschlechtszentren in das Chakra am Grund des Rückgrats. Aus der Sonne fließt Kundalini herab und mildert dabei ihre überwältigende Stärke, um sich dem Sterblichen anzupassen. Aufwärts fließt also ein Feuerstrom und abwärts fließt ein Feuerstrom; und beide begegnen sich an der Wurzel des Rückgrats, wo sie sich zu einem konzentrierten Kraftspeer zusammenschweißen, der im Körper hinaufstürmt und dabei den Menschen selbst in das LICHT des EWIG-WIRKLICHEN vorwärtsträgt. Die Frucht der beiden Ströme ist eine segensvolle spirituelle Macht. Der negative Erdstrom und der positive Sonnenstrom spielen beide ihre Rolle. So wird der Mensch eine Kraftsphäre zwischen Sonne und Erde; denn der Kontakt mit der Kosmischen Ur-Kraft Kundalini wurde errichtet und die Erleuchtung durch das Kosmische LICHT begonnen. Man könnte das Hals-Chakra als ein Erdzentrum und das Herz-Chakra als ein Sonnenzentrum bezeichnen.

Nach Eröffnung des Auf- und Niederströmens von Kundalini am Rückgrat muss eine verbindende Bewegung zwischen den Chakras hergestellt werden, und zwar zuerst die Verbindung zwischen dem Chakra an der Wirbelsäulenbasis und dem Solarplexus-Zentrum. Diese Berührung bringt trotz anfänglicher Übelkeitsgefühle wiederum eine wunderbare Bewusstseinsausdehnung hervor – vor allem echte Intuition, die sich mit jedem weiteren Kontakt zwischen den Zentren steigert. Bei der legalen Erweckung von Kundalini entsteht keine sexuelle Störung, jedoch die Fundamente der Geschlechtsnatur werden in geistige Schöpfer-Kraft transmutiert – in das wahrhafte „Feuer der Schöpfung". Die Erweckung von Kundalini führt auch zu Hellsehen, Hellfühlen, Hellhören und dem „Ununterbrochenen Bewusstsein" in Schlaf und Wachen. Aber unvergleichlich bedeutender ist eine sehr wirkliche Transsubstantiation, wo sehr hohe Bewusstseins-Elemente ins Tagesbewusstsein eintreten, so wie kostbare Juwelen in ihre Fassung gebettet werden. Hellsehen mit allem Zubehör wird sich gewiss einmal einstellen – jedoch der wirklich hohe Zweck der Kundalini-Erweckung ist das Buddhische und später das Nirvanische Bewusstsein im Wachzustand. In dieses kann dann kein persönlich-getrübtes Denken mehr eintreten. Man sollte dann aber seine durch Kundalini geläuterte Intuition nicht durch verstandesmäßige Erwägungen verzerren, sondern stets seinen ersten, blitzhaften Eindrücken trauen – wenn sie aus reinen Institutions-Tiefen kommen und nicht aus seichten, trügenden Gestaden. Das muss man wissen.

Es gibt zwei Systeme der Kundalini-Erweckung. Die eine vollzieht sich langsam und sorgfältig während mehrerer Leben, wobei die psychischen Fähigkeiten nacheinander aktiviert werden. Bei der anderen werden die ethischen und spirituellen Voraussetzungen abgewartet; und dann kann die Kundalini-Erweckung plötzlich mit einer Sturzwelle kommen. Hand in Hand damit geht stets das Ziel, die vermehrte Macht zur Hilfe für Leidende und Unwissende zu verwenden. Der Betreffende sieht klar die Nöte seiner Mitmenschen und kann ihnen sichere, intuitive Ratschläge geben.

Im allgemeinen Kundalini-Gebrauch gibt es viele Methoden. Bei einer zieht der Lehrer seinen Schüler zu einem Kudalini-Bad in seine, vom Schlangenfeuer karmesinrot durchtränkte Aura, was eine mächtige, gefahrlose Belebung ist, falls nicht ungünstige Eigenschaften durch diesen Impuls verstärkt werden können! Ein Grund, warum die Adepten nicht in der äußeren Welt leben, ist die Einwirkung ihrer ungeheuer dynamischen, gefährlichen Kundalini-Kraft auf die Durchschnittsmenschen. Deshalb musste auch das Auftreten CHRISTI auf eine kurze Zeit zusammengedrängt werden und aufhören, sobald einige Jünger für seine Mission zur Verfügung standen. Um der damals wenigen Inspirationsfähigen willen, welche die Botschaft den ungeborenen Generationen überliefern konnten, ging er das Risiko des Nichtbegriffen- und Gemordetwerdens ein. So ist also das Karma der Juden gewiss weniger schwer als stets angenommen, denn sie standen unvorbereitet einer Gut und Böse aufrührenden Ur-Kraft gegenüber, deren Wirkungen sogar die Christus-Liebe nicht neutralisieren konnte. Auch der heute lebende Adept muss deshalb längeren, direkten Kontakt mit der Menschen-Masse vermeiden und aus der Verborgenheit wirken – durch seine Schüler, inspirierte Schriften, mächtige Gedankenformen und vor allem durch die in speziellen Erdgebieten errichteten hoch-geladenen Kundalini-Zentren, die wie Flammen-Meere dieser Ausstrahlung über die Welt dienen. Ein Initiierter kann ihren Strom durch eine gewissen Öffnung am Ätherkopf eines Menschen in dessen Körper leiten, so wie die Erde von Oben durch Sonnenschein und Regen befruchtet wird. Nur ist die Empfangsfähigkeit zu berechnen. Manche können quasi einer tropischen „Sturmflut" standhalten, die meisten brauchen nur einen sanften „Regen".

Eine weitere Form ist die Beschützung gegen die Machenschaften der „Brüder des Schattens". Ein theosophischer Forscher bemerkte einmal einen solchen Schwarzmagier, der durch eine ausgesandte starke Gedankenform eine Menschengruppe zum Selbstmord anreizte und sie schon zum Ergreifen der Stricke gebracht hatte. Das karmische Gesetz gestattete es dem Beobachter hier, einen verzehrenden Kundalini-Strom auf den Magier auszusprühen. Die Gedankenform war sofort vernichtet, wodurch die Opfer befreit wurden. Die Rückwirkung auf den Magier bestand aus einer schweren, langwierigen Krankheit.

Betreffs der direkten Erweckung gilt es zu beachten: Um hierbei die überphysischen Bewusstseinstypen beständig ins Wachbewusstsein zu leiten, muss Kundalini ein körniges, ätherisches Zellengewebe am Scheitel durchbrechen. In einem aushöhlenden Vorgang reißt sie dieses Hindernis auseinander und bohrt sich einen Kanal für ihre flutende Kraft, die dann fortwährend wie eine farbige Fontäne über dem Körper aufrauscht. Durch diese ätherische Kopf-Öffnung strömen auch die unterstützenden Kundalini-Kräfte höherer Wesenheiten ein. Kundalini ist zwar ein „flüssiges" Feuer, jedoch gilt auch das Gleichnis vom Einpflanzen eines Stabes in ein Loch im Erdboden. Erde und Wasser werden durchdrungen und tiefer unten geschmolzene Metalle und Gase. Auch Kundalini muss sich in einem oft schmerzlichen Vorgang ihren Weg freiräumen. Der Vergleich mit dem Stab ist korrekt, denn die Unterscheidungen zwischen den Aggregatzuständen – fest, flüssig, gasförmig usw. – sind relativ. Es gibt feste Stoffe in den inneren Erdregionen, welche die uns bekannten festen Stoffe luftig-leicht erscheinen lassen. Vom Gesichtspunkt der geistigen Wirklichkeit ist Kundalini „substanzieller" als feste Substanzen, wenn man substanziell für mächtig setzt. So wie der Holzstab fester als die durchstoßene Erde ist, ist Kundalini viel fester als die von ihr entfernten Hindernisse. So gesehen ist auch Mentalstoff substanzieller (oder fester) als der astrale, der buddhische fester als der mentale, der nirvanische fester als der buddhische.

Das kosmische „Universale Feuer" besteht aus unzähligen Elementen; und je nach dem „Strahl" des Menschen leuchtet das eine oder das andere stärker hervor. Zur Erklärung: Das Göttliche LEBEN differenziert sich von Ur-Beginn in sieben große Hauptströme mit unwandelbaren Charakteristika, „Strahlen" genannt; und wir alle gehören zu einem von ihnen. Jedes Chakra repräsentiert eine solche Energie-Linie. So dominiert also bei jedem Menschen ein spezielles Chakra. Kundalini passt sich diesem Gesetz an und regt bei ihrem Lauf die anderen Chakras leicht an, während die Haupt-Kraft dem mit dem „Strahl" verbundenen Chakra zufließt.

Dieses Prinzip besteht in makrokosmischen und mikrokosmischen Bereichen. Kundalini konzentriert sich also bei ihrem korkenzieherhaften Aufwärtswogen besonders auf die wegen des „Strahles" wichtigsten Chakras sowie auf solche, die wegen bestimmter Arbeiten gerade der Anregung bedürfen. Auch Nationen und Religionen haben ihren „Strahl" ‚ebenso wie Meere, Gebirge, große Wälder und die Erde selbst, die auch ein gewaltiges Haupt-Chakra in ihrem Inneren besitzt. Das Gleiche gilt für ein Sonnensystem und überhaupt für jeden Organismus. Doch hier taucht die Vision in geheimnisvollen, unerforschbaren Regionen unter. Ein Zeichen des echten Kundalini-Erwachens ist eine eigenartige Empfindungsgleichheit im ganzen Leib, mit teilweiser Aufhebung der Gefühls-Lokalisierung. Auch entsteht eine langsame Verschmelzung der fünf Körper, so dass sie schließlich fast wie ein einziger, in jedem Teil aktiver und rezeptiver Bewusstseinsträger zu funktionieren beginnen. In den höchsten Regionen hört man auf, von „Körpern" zu sprechen, deren Platz dann von Strahlen-Sphären eingenommen wird; und das nicht mehr lokalisierte Bewusstsein ist zu einem weithin ausstrahlenden Zentrum geworden.

Die Evolution besteht darin, dass der Sonnen-Logos, das „Vater-Feuer", gewisse Bewusstseinsfragmente in Seinen Raum bis zu den fernsten Grenzen hinaussendet, die dann auf dem „Rückweg" Schritt für Schritt dem „Vater-Zentrum" ihre Erfahrungsfrüchte darbringen. So besitzt Kundalini also auf dem unfassbar langen Pilgerweg – trotz ihrer Unlösbarkeit vom Universalen Feuer – für den Menschen ihren rein individuellen Aspekt und teilt die Natur der „Permanenten Atome“. Dies sind die unauflöslichen, zentralen Kerne jedes der Körper, welche die Ergebnisse sämtlicher Inkarnationen als Schwingungskräfte in sich bewahren und nach dem „Tod“ im Kausalkörper ruhen. Bei jeder Neugeburt werden auf Grund dieser magnetischen Vibrationen die neuen Körper erbaut.

Alle Wesen stammen im letzten Sinn aus dem Kundalini-Feuer, als einer Manifestation Gottes des Heiligen Geistes. Es ist das permanente, feurige Herz aller Körper. Seine Intensität ist in einem steten, gezeitenhaften Wachsen und Abnehmen begriffen und wird auch durch die Umgebung sehr beeinflusst. Kundalini erblüht auf freien Ebenen, an der See, in Gebirgen, in harmonischen Heimen, bei erhebenden Zusammenkünften, bei heiligen Ritualen, in vertrauenserfüllten Lehranstalten. Aber in Restaurants, Kinos, in Geschäfts-, Vereins- und Parteiversammlungen nimmt die Kundalini-Kraft mangels Anregungen ab. Wir nähren oder schwächen sie durch alle Lebensäußerungen. Davon unabhängig, bewegt sich unsere Kundalini in einem unausgesetzten Rhythmus von Steigen und Fallen. Sie kann nie schlafen, trotz scheinbarer Inaktivität; denn sie teilt stets die Wirksamkeit der Unversalen Kundalini, welche sich ewig durch die Welten-Räume bewegt.

Eine interessante Beobachtung machte George Arundale – ein leitender Theosoph – einmal in Indien über den Gebrauch des sogenannten „Thyrsusstabes" bei Kundalini-Erweckungen. Der Thyrsusstab hat die magnetische Fähigkeit, sich in enge Berührung mit Kundalini zu bringen und veranlasst sie, ihm zu folgen – wie Eisen dem Magneten. Schon in antiken Zeiten war die Anwendung des Thyrsusstabes zur Kundalini-Erweckung bei indischen Yogis, bei initiierten Ägyptern und Hellenen wohlbekannt. Der von Arundale gesehene Thyrsusstab war zylinderförmig, aus glänzend-weißem Metall und etwa 70 cm lang. Er wurde von einem „berufenen" Lehrer an die Wirbelsäulenwurzel seines Schülers gelegt und langsam hochgezogen, wobei Kundalini dem Stab folgte.

Kundalini ist die große Erfüllung eines Eingeweihten, der auf seinem Entwicklungsweg unzählige Erfahrungen gesät und einen „Garten ewiger Blumen" geerntet hat. Könnte der Suchende die ewige Musik Kundalinis und ihre Feuer-Farben wahrnehmen, würde er wissen, dass er damit in das wahre Herz des SEINS einträte. Nur nebelhaft ahnt er zunächst die Glorie eines pulsierenden, welteinkreisenden, alle Musik bergenden Klanges und die Glorie eines ebenso mächtigen Farben-Regenbogens. Jeder so Erwachende hört seinen Klang, schaut seine Farbe in diesem magischen „Kristall" verschmolzenen Farben-Klanges. Unsere Kundalini, die Erd-Kundalini und die Kosmische-Sonnen-Kundalini – jede hat ihre einzigartige, dominierende Note. Unser HERR, der Sonnen-Logos, singt Seinen Gesang, sendet Seine Farbe in Sein Schöpfungssystem; und unsere Mutter, die Erde, singt und leuchtet schattenhaft in antwortender Huldigung. Es gibt wahrhaft nur einen Gesang, nur eine Farbe für alles Leben auf diesem Kundalini-Globus, Erde genannt. Alles Singen der Erde, alle ihre Farbenbotschaften sind Lobpreisungen für den HERRN der Schöpfung, und von den Höhen des Übermenschen mit seinem Zierrat strahlender Körper bis zum Atom hinab vernimmt der Erwachende nur einen anbetenden Ruhmesgesang für Ihn, der alle Wesen myriadenfach ins Leben rief. Unsere Gesänge und Farben, unser Leben und Licht, unsere Glorie stammen von Ihm; und wir erheben unsere Gaben, um Ihm zu zeigen, dass wir sie dankbarzärtlich pflegen.

Kundalini singt dem Erwachenden ihr Ewiges Lied mit der Stimme alles dessen, was lebt. In den geheimen Tiefen unserer Kundalini finden wir das Mysterium der Einheit des aus einer Unendlichkeit von Tönen bestehenden Lebens-Gesanges, der Einheit des aus einer Unendlichkeit von Farben bestehenden Sonnen-Spektrums. Wenn wir einmal imstande sind, alle noch unzulängliche Glorie in uns zu offenbaren, schreiten wir über die Menschheit hinaus, so wie wir früher die unteren Naturreiche überschritten, und gewinnen das geistige Königtum der Welt. Kundalini ist in Wahrheit klingend und von denen, die „Ohren“ haben zu hören, vernehmbar. Sie ist auch substanziell und von denen, die „Augen“ haben zu sehen, schaubar. Kundalini ist keine imaginäre, phantastische Abstraktion. Sie lebt, sie singt, sie prunkt in funkelnden Farben!

Jedoch es lohnt keineswegs, sie unruhig und falsch zu suchen – weder ihr Erwachen zu ersehnen, bevor ihr rechtmäßiger Schlaf vorbei ist, noch sie durch Ungeduld zu stören, wenn sie sich endlich in ihrem Herrschaftsbereich zu wirken aufmacht. Es lohnt nur, respektvoll zu warten. Der Weg zu ihr besteht darin, sich von allen persönlichen Verankerungen zu lösen und sich in den Räumen der Unendlichkeit heimisch zu machen. Man fühlt diese nicht, wenn man unendlich weit fortgeht, sondern indem man unendlich stille wird. Bei Erlangung der vollkommenen Stille gibt es weder weit noch nahe. Doch die Stille ist tönend, pulsierend im Rhythmus der EWIGKEIT. Beim ersten Vernehmen jener stillen, zarten, doch unendlich mächtigen STIMME hören wir Kundalini von fern. Doch in der weiten Zukunft wird es unsere Stimme sein, unser wahres Selbst, das vor Freuden singt. In der Klarheit dieser Stille werden wir ein warmes, farbiges Leuchten sehen – dann sehen wir Kundalini von fern. Doch in der weiten Zukunft wird es unser farbiges Leuchten sein, unser wahres Selbst, das vor Freuden leuchtet.

Diese Schilderung soll mit dem Bericht eines Erlebnisses von George Arundale schließen, das ein direktes Ergebnis vom Erwachen dieser machtvollen Ur-Kraft gewesen ist: Er wurde auf der Tragfläche des Kundalini-Feuers zurück in unentdeckbare Vergangenheit getragen. Kundalini bricht ja nicht nur die Barrieren des Bewusstseins nieder, sondern auch jene von Zeit und Raum. Die Abgründe zwischen Vergangenheit, Gegenwart und Zukunft werden überstiegen, und das EWIGE JETZT wird zur Wirklichkeit. Der Erwachende war hier zum Rückwärtswandern geneigt. Er bewegte sich auf einem Kundalini-Strom immer weiter zurück, bis zu den Anfängen des Sonnensystems, wo er schließlich auf eine seltsame Art in den majestätischen Ur-Tiefen der Eröffnung einer neuen Schöpfungs-Ära untertauchte. Er schaute fassungslos auf etwas physisch Unbeschreibliches, auf eine ungeheuer weite Ausdehnung von lebendiger Substanz. Man könnte sie Ozean nennen, wenn das nicht den Begriff für „flüssig“ einschlösse. Vielleicht ein gewaltiges Feuer-Meer; doch auch das ist unzulänglich. Diese lebendige, geheimnisvolle Substanz setzte einen belebenden Schöpfer voraus; und der Erwachende erkannte unmittelbar das Prinzip, dass bei der „Morgendämmerung“ eines solchen Systems zwei Elemente vorhanden sind: Belebender und Belebtes. Es gibt stets eine Unendlichkeit von Belebtem und einem Belebenden – einen Sonnen-Logos, der die Apotheose seines eigenen Evolutions-Weges darstellt. Das Belebte besteht aus einer Unendlichkeit von „Schöpfern im Werden“, welche es noch nicht wissen oder aus zahlreichen Feuern, die noch nicht brennen. Der „Belebende“ haucht dem Werdenden Sein Leben ein; und so beginnt die Evolution. Unzählige „Funken" beginnen zu erblühen. Die Funken (Monaden) sprühen nun hinaus und werden zu mikroskopischen Flammen. Die Naturreiche werden nacheinander durch Kundalini hervorgebracht, als Brennstoff für die „Flammen" erschaffen. Die Flammen wachsen und benötigen immer mehr Brennstoff. Sie springen zu Feuern auf und diese zu mächtigen Bränden. Ein Naturreich nach dem anderen nährte Funken, Flammen und Feuer, bis endlich auch der menschliche Brennstoff zu Feuer aufgelöst ist. Dann treten die Feuer triumphierend in die EWIGE ESSENZ des Feuers ein. Die bekannten Formen sind verzehrt, und nur das LEBEN des FEUERS leuchtet in vollkommener Reinheit.

Doch weiter schreitet das mystische WERDEN. In unermesslich hoch darüberliegenden Regionen verschmilzt dann auch die Essenz dieses FEUERS mit DEM, was jenseits davon liegt. So werden Geschöpfe zu „Schöpfern", zu Logoi, gleich ihrem „Vater". Und Er, der Logos, zieht sich in die Transzendenz des ABSOLUTEN SEINS zurück, um bis zu einer Neuschöpfung zu „ruhen". Nach Pralaya, der Welten-Nacht, erhebt sich dann erneut der brausende, schwingende Fanfarenruf des Erz-Engel-Herolds, der das Schweigen der Ewigkeit weckt. Der Logos-Schöpfer tritt hervor und atmet erneut Sein Schöpfer-Feuer auf harrende, lebendige Ur-Substanz aus. Wiederum beginnt eine Evolution; und alle Geschöpfe, alle Wesen sind „SCHÖPFER IM WERDEN".

Schlusswort

Ein altes Sprichwort aus dem Morgenland lautet: „Auch eine sehr lange Reise beginnt mit dem ersten Schritt.“ An diese Weisheit mag man sich erinnern, wenn man die Lektüre über Prana und sein Wirken im menschlichen Körper sowie den Aufstieg der kosmischen Lebensenergie, über die im Körper wirkende Kundalini-Kraft, abgeschlossen hat. Dieser Prozess ist jedem Menschen möglich, denn der Aufstieg zu seiner Göttlichen Natur ist die Verheißung Gottes für jedes seiner Geschöpfe. Der Weg bis zu diesem Ziel mag eine gewisse Zeit in Anspruch nehmen, aber Zeit ist nichts im Angesicht der Ewigkeit!

Dieses Buch erforderte einerseits ein gewisses intellektuelles Bemühen und andererseits eine gewisse spirituelle Praxis, daher mag zum Schluss noch ein Hinweis angebracht sein. Der Intellekt – und sein Werkzeug, der Mentalkörper – sind göttliche Bausteine des Menschen. Sie zu vernachlässigen, wäre fahrlässig, sie überzubewerten, wäre unvernünftig. Wie bereits bei der Beschreibung der Chakras erwähnt, liegt der letzte Schlüssel zum Himmelstor nicht in den intellektuellen Fähigkeiten des Menschen, sondern in seinen Herzensqualitäten. Es gibt viele große spirituelle Lehrer, die wertvolle Hilfe auf dem Weg ins LICHT zu leisten vermögen, doch der GÖTTLICHSTE LEHRER wohnt im innersten Herzen jedes geistigen Suchers. Es war einer der großen Meister der Weisheit, der einer seiner Schülerinnen den Satz lehrte: „Lausche nur jener Stimme, die lautlos ist!“ Wer dies tut, kann auf seinem geistigen Pfad nicht mehr in die Irre gehen. Er wird sich nicht mehr von zahllosen falschen Propheten in die Irre führen lassen, sondern er wird in der Stille unauffällig seinen Weg gehen. Schritt für Schritt. In Demut und Bescheidenheit.

In diesem Sinne wünsche auch ich Ihnen:
„Licht auf den Pfad!“

Literaturnachweis

Master Choa Kok Sui – Angewandte spirituelle Wissenschaft. Die Entstehung der Pranaheilung und des Arhatic Yoga. Innere Studien Verlag, München 2006

Master Choa Kok Sui – Grundlagen des Pranaheilens. Koha Verlag, Burgrain 2007

Annie Besant – Eine Studie über das Bewusstsein. Aquamarin Verlag, Grafing 2004

Annie Besant – Uralte Weisheit. Eine Einführung in das Theosophische Weltbild. Aquamarin Verlag, Grafing 2006

Biographie

Gertraud Radke ist Jahrgang 1939. Nach dem Ende des 2. Weltkrieges und der schwierigen Zeit des Neubeginns begann sie in den fünfziger Jahren ihren beruflichen Weg als Angestellte der Landesregierung. Die Umbrüche der sechziger Jahre nahm sie für sich persönlich gleichsam vorweg, als sie mit dreißig Jahren durch eine tiefe seelische Verwandlung ging. Der Ausgangspunkt für diesen Prozess war eine Umstellung ihrer Ernährung – sie wurde Vegetarierin. Damit ging nicht nur eine körperliche Gesundung einher, sondern sie erschloss sich allmählich eine neue Quelle geistig-seelischer Vitalität. Um ihre innere Unabhängigkeit zu wahren, vollzog sie ihre Transformation ohne äußere Einflüsse. Sie zog sich in die Stille der Wälder zurück und fand dort zu den Wurzeln ihrer Intuition. Dadurch gewann sie eine schöpferische Freiheit und Unterscheidungskraft, die sie bis heute in allen ihren Entscheidungen leitet. Erst als sie fest in ihrer eigenen Wesensmitte verankert war, wandte sie sich der alten Tradition des Kriya-Yoga zu. Sri Yukteswar und Swami

Yogananda wurden ihr zu bleibenden geistigen Führern. Sie wurde in den Kriya-Yoga eingeweiht und folgt diesem heiligen Pfad der alten indischen Weisheit bis heute.

Ihre innere Verwandlung führte auch zu einer beruflichen Veränderung. Sie schloss eine dreijährige Ausbildung zur Ernährungsberaterin ab, die sie dann in verschiedenen Kliniken und Kurheimen in der Praxis vertiefte. So schuf sie sich eine Grundlage, um einen weiteren Schritt auf ihrem Lebensweg zu beginnen.

Sie hatte, durch sorgfältiges Beobachten und unverstelltes Hinschauen, in den Jahren ihrer Arbeit im Kurbetrieb viel über die inneren Ursachen von Krankheit und Gesundheit erfahren können. Sie erkannte, wie wenig die Menschen über die geistigen Gesetzmäßigkeiten hinter bestimmten Erkrankungen wussten. Um auch auf diesem Feld helfend und heilend eingreifen zu können, begann sie ihre Ausbildung zur Heilpraktikerin. In diese Zeit des Studiums fiel erstmals die Beschäftigung mit der Reis-Diät, die später eine entscheidende Rolle in ihrem Leben spielen sollte. Sie unterzog sich mit strenger Konsequenz für drei Monate dieser Diät – mit weitreichenden Folgen. Die Ernährung im „absoluten Gleichgewicht" löste eine weitere innere Neugeburt in ihr aus. Sie erkannte Schritt für Schritt die faszinierenden Zusammenhänge zwischen Ernährung, Gesundheit und geistiger Erkenntnis. Diese Einsichten bildeten den Grundstock für ihr weiteres Lebenswerk als Therapeutin und Ernährungsberaterin.

In den folgenden Jahren entwickelte sie die Grundlage für eine neue „Gleichgewichtsernährung". Ihre „All-Tages-Rezepte" verbanden dabei auf kreative Weise alte Einsichten und neue, revolutionäre Ideen. Sie wurde in verschiedene große Häuser berufen, um die Ernährungs- und Küchenpläne mitzugestalten; und allmählich wurden auch die Medien auf sie aufmerksam. Sie wurde immer häufiger zu längeren Vortragsreisen eingeladen, um ihre Einsichten einer breiteren Öffentlichkeit zu präsentieren, die mehr und mehr Interesse zeigte.

Doch der äußere Erfolg blendete sie nicht. Wann immer sie den 'inneren Ruf' verspürte, etwas Neues zu beginnen, leistete sie ihm Folge. So war sie Mitte fünfzig, als sie über Nacht mit Sack und Pack nach Kanada zog. Es war ein neuer Aufbruch zu sich selbst; der aber nicht ganz das Alte zur Seite stellen konnte. Schon bald hatte sich auch in Nordamerika ihr Ruf als Fachfrau für Ernährungsfragen herumgesprochen, und sie konnte die amerikanische und kanadische Bevölkerung schnell für ihre ungewöhnlichen Ideen begeistern. Sie folgte diesem Weg für etliche Jahre, bis das Schicksal eine neue Wendung für sie bereithielt.

Sie war Anfang sechzig, als sie erstmals wieder für „einige Wochen” – wie sie meinte – nach Deutschland zurückkam. Doch aus der bürokratischen Notwendigkeit wurde schicksalhafte Fügung: Sie lernte ihren Lebensgefährten und Seelenpartner Eberhard Freiherr von Gemmingen kennen. Ihre gemeinsamen Jahre waren von der wunderbaren Erfahrung geprägt, wie die energetische Gleichgewichtsernährung den damals schon schwer kranken Freiherrn noch einmal körperlich stabilisierte. Zugleich waren es Jahre der Reife und des gemeinsamen Wachsens in einer tiefen geistigen Verbundenheit. Diese beglückenden Jahre machten es Eberhard von Gemmingen leicht, seine körperliche Hülle zu verlassen, als seine irdische Zeit abgelaufen war. Er konnte mit großer Klarheit und Wachheit in die Geistige Welt eintreten. Noch immer scheint er von dort aus die gemeinsame Arbeit mit Gertraud Radke zu inspirieren.

Das so entstandene Gut Rineck ist heute die Verwirklichung eines alten Traumes von Eberhard von Gemmingen: Ein modernes, ökologisch bewusst saniertes Hofgut, das dem körperlichen Wohlbefinden und dem geistigen Erwachen gleichermaßen Rechnung trägt. Als Autorin und Seminarleiterin führt Gertraud Radke heute Rineck, als Vermächtnis einer großen Liebe und als Verwirklichung einer göttlichen Idee. Jeder, der als Gast auf Gut Rineck weilt, wird sich von der Kraft dieses Vermächtnisses überzeugen können und von ihrer Inspiration erfüllen lassen.

Beratungspraxis Gertraud Radke

Die Autorin gibt Seminare und Kurse zu den Themen:

1) Bewusste Ernährung (Alte Wissen – Neue Kochkunst. Die Geheimnisse der energetische Küche!)
2) Die geheimnisvolle Heilkraft des Reis-Fastens nach Gertraud Radke
3) Die Gesetze der Prana-Selbstheilung
4) Leben im Einklang mit der Geistigen Welt
5) Der Körper als Tor zur Seele (Körperübungen zu einem erfüllten, glücklichen und gesunden Leben)
6) Einführung in die Meditation

Alle Kurse und Seminare dienen dem Ziel, einen gesunden Körper auszubilden, der ein optimales Werkzeug sein kann, um im Einklang mit der Natur und in Harmonie mit der Geistigen Welt zu leben. Bereits die Anwendung einiger einfacher, aber grundlegender Gesetze genügt, um die körperliche Gesundheit, die allgemeine Vitalität und die geistig-seelische Befindlichkeit entscheidend zu verbessern! Nur wenn die äußere Form gesund ist, kann sich auch die innere Harmonie entfalten!

Der Seminarort: Hofgut Rineck, 74834 Elztal (Odenwald)
Anmeldung: Telefon: 06275/919366
Fax: 06275-919333
(täglich von 8.00 - 9.00 und ab 18.00 Uhr)

Gertraud Radke

Ernährung im Gleichgewicht

Energetische Küche für Körper, Geist und Seele

163 Seiten, Verlagsgruppe DROEMER KNAUR, broschiert
ISBN 978-3-42687-351-9

Als Ernährungsheilpraktikerin hat Gertraud Radke über Jahrzehnte Menschen im deutschsprachigen Raum sowie in Kanada und in den USA die heilende Kraft einer ausgewogenen pflanzlichen Ernährung vermittelt. Ihre Erfahrung floss in ebenso köstliche wie energie- spendende Rezepte ein. Ihre Reisdiät ist bis heute einzigartig: Hier kommen die kräfteraubenden Gegensätze, die unser Leben auf allen Ebenen – Tag und Nacht, Liebe und Haß, Wärme und Kälte – und auch in den plus- und minuspoligen Schwingungskräften unserer Nahrungsmittel bestimmen, zu vollkommener Ruhe. Blockaden lösen sich auf, neue körperliche und geistige Energien beginnen zu fließen. Ein Strom belebender Vitalität weitet uns.

Heute – nach dem tiefen inneren Erleben, welche geistige Klarheit und Freiheit eine bewusste Ernährung im energetischen Gleichgewicht auslöst – will Gertraud Radke mehr: Mit diesem Buch lädt sie vor allem jene an den Tisch, deren Bedürfnis nach gesunder Ernährung die Tür zu einem bewussten, eigenverantwortlichen Sein öffnet. Auf Gertraud Radkes Seminaren lösen ihre Rezepte immer wieder Begeisterung aus – eine Ahnung für den Weg, der damit erstmals beschritten wird, nehmen fast alle Teilnehmer mit.

Gertraud Radke

Bhagavad Gita

Der Gesang des Erhabenen

Pbk., 120 Seiten, ISBN 978-3-89427-376-7

Die wundervoll poetische Übertragung des größten Meisterwerkes indischer Spiritualität. Gertraud Radke greift die ursprüngliche Intention der Gita auf, die ja von ihrer Bedeutung her ein „Gesang des Erhabenen" ist, und gewinnt dem Text wieder seine eigentliche Sprachmelodie
ab. Die tiefe Weisheit der Bhagavad Gita berührt so auf sanften Schwingen die Seele des Lesers, weil die Wortwahl gleichsam wie ein himmlischer Gesang im Herzen erklingt.
Die zur Zeit sicher sprachgewaltigste Übertragung des großen indischen Klassikers!